# AN LEABHAR CÓCAIREACHTA FOIRFE I STÍL MACHIATTO

Domhanda Saibhir agus Trom na Blasanna Machiato a Dhíghlasáil trí 100 Oideas Cruthaitheach

WARD GLUNDUB

Ábhar Cóipchirt ©2023

Gach ceart ar cosaint

Ní ceadmhach aon chuid den leabhar seo a úsáid ná a tharchur in aon fhoirm ná ar mhodh ar bith gan cead scríofa ceart ón bhfoilsitheoir agus ó úinéir an chóipchirt, ach amháin i gcás luachana gairide a úsáidtear i léirmheas. Níor cheart an leabhar seo a mheas mar ionadach ar chomhairle leighis, dlí nó comhairle ghairmiúil eile.

# CLÁR ÁBHAIR

**CLÁR AN ÁBHAR** .................................................................................................. 3
**RÉAMHRÁ** ........................................................................................................... 6
**BRICFEASTA** ....................................................................................................... 7
   1. Pancóga Carmel Macchiato ..................................................................... 8
   2. Babhla Smoothie Vanilla Almond Macchiato .......................................10
   3. Hazelnut Macchiato Overnight Coirce ................................................12
   4. Parfait Iógart Mocha Macchiato ...........................................................14
   5. Cnó cócó Macchiato Chia Pudding .......................................................16
   6. Tósta Francach Macchiato ....................................................................18
   7. Muifíní Uachtar Macchiato ...................................................................20
   8. Waffles Macchiato .................................................................................23
   9. Donuts Macchiato ..................................................................................25
   10. Muifíní Macchiato ...............................................................................27
   11. Pancóga Macchiato ..............................................................................29
   12. Scóin Macchiato ...................................................................................31
   13. Arán Banana Carmel Macchiato .........................................................33
   14. Rollaí Cinnamon Macchiato ................................................................36
   15. Arán macchiato ....................................................................................39
   16. Macchiato Biscotti ...............................................................................41
   17. Donuts Bácáilte Carmel Macchiato ....................................................44
   18. Macchiato Croissants ..........................................................................47
   19. Muifíní sliseanna Macchiato ...............................................................49
**SNEAICEANNA** ................................................................................................52
   20. Cupáin toirtín Caffè Macchiato ..........................................................53
   21. Strufail Carmel Macchiato Seacláid ...................................................55
   22. Giotán Cáise Carmel Macchiato .........................................................58
   23. Cnámha Im Carmel Macchiato ...........................................................61
   24. Rothaí Pinn Mhic Chiato .....................................................................64
   25. Liathróidí Fuinnimh Macchiato ..........................................................66
   26. Clúimh Uachtar Boba Caife Macchiato ..............................................68
   27. Coirt Macchiato ....................................................................................71
   28. Barraí Granola Macchiato ...................................................................73
   29. Fianáin Mocha Almond Macchiato ....................................................75
   30. Brownies Macchiato ............................................................................78
   31. Grán rósta Macchiato ..........................................................................80
   32. Macchiato Rís Krispie Treats ..............................................................82
   33. Cearnóga Macchiato ............................................................................84
   34. Barraí Nanaimo Macchiato .................................................................87
   35. Brownies Macchiato le Seacláid Bán .................................................90
   36. Árasáin Macchiato ...............................................................................93
   37. Arán Gearr Macchiato le Seacláid Dorcha ........................................96
   38. Fianáin Macchiato Seacláid Bán ........................................................99
   39. Láimhdeachas Macchiato .................................................................102
   40. Arán Gearr Macchiato-Pistéise ........................................................104

41. Danishes Macchiato .................................................. 106
42. Fianáin Macchiato .................................................. 108
43. Macchiato Phyllo Cups ........................................... 110
44. Fianáin mhin choirce Macchiato ............................. 113
45. Fianáin Sliseanna Taifí Seacláide Macchiato ............ 115
46. Macchiato Shortbread Sails .................................... 118

**MAISEANNA** ............................................................... **121**

47. Macchiato Eclairs .................................................. 122
48. Corrán Carmel Macchiato ...................................... 124
49. Carmel Macchiato Mousse ..................................... 126
50. Carmel Macchiato Trifle ......................................... 128
51. Macchiato Mousse ................................................. 131
52. Císte Bosca Oighir Carmel Macchiato Sraitheanna .... 133
53. Fianáin Carmel Macchiato ...................................... 135
54. Cupcakes Carmel Macchiato .................................. 137
55. Mionphriontaí Carmel Macchiato ........................... 140
56. Cácaí Croí Seacláide Macchiato .............................. 142
57. Fianáin Macchiato Stuffed Carmel .......................... 145
58. Ceapairí Uachtar Reoite Carmel Macchiato ............ 147
59. Carmel Macchiato Gelato ...................................... 149
60. Carmel Macchiato Afogato .................................... 151
61. Caramel Macchiato Tres Leches Císte ..................... 153
62. Geata Uachtar Latte Macchiato .............................. 156
63. Císte cáise Latte Macchiato ................................... 159
64. Císte Bundt Macchiato .......................................... 162
65. Cáise Macchiato .................................................... 164
66. Císte Mousse Macchiato ........................................ 167
67. Cáca Cáise Carmel Macchiato ................................ 169
68. Císte Pudding Macchiato ....................................... 172
69. Cáca Chiffon Macchiato ......................................... 174
70. Cornaí Brownie Macchiato ..................................... 177
71. Pióg Cáise Macchiato ............................................ 180
72. Macchiato Mousse Pie .......................................... 183
73. Pióg Uachtar Macchiato ........................................ 186
74. Trifle Brownie Macchiato ....................................... 188
75. Carmel-Macchiato Tiramisu Parfaits ....................... 190
76. Toirtín Seacláide Macchiato ................................... 192
77. Latte Macchiato Panna Cotta ................................. 194
78. Toirtín Custard Macchiato ..................................... 196
79. Macchiato Creme Brûlée ....................................... 198
80. Macchiato Pudding ............................................... 200
81. Macchiato Caramels .............................................. 202
82. Taifí Macchiato ..................................................... 204
83. Macchiato Rís Pudding .......................................... 206
84. Macchiato Chocolate Pots de Creme ..................... 208
85. Uachtar Reoite Macchiato ..................................... 210

86. Macchiato Apple Crisp ...................................................................212
87. Gréasaí Péitseog Macchiato ........................................................214
88. Crisp Blueberry Macchiato .........................................................216
89. Gréasaí Silíní Macchiato .............................................................218
90. Macchiato Granita .....................................................................220
91. Macchiato Tiramisu ...................................................................222
92. Uachtar Reoite Macchiato .........................................................224
93. Macchiato Bobamisu .................................................................226
94. Macchiato Caife Popsicles .........................................................229
95. Císte Cáise Seapánach Macchiato ..............................................231
96. Sorbet Macchiato ......................................................................234
97. Toirtín Macchiato ......................................................................236
98. Afogato Macchiato ....................................................................238
99. Macarons with Macchiato Filling ...............................................240
100. Macchiato Panna Cotta ...........................................................243
**CONCLÚID** ...................................................................................**245**

# RÉAMHRÁ

Fáilte, díograiseoirí caife agus connoisseurs, chuig turas a sháraíonn an gnáth agus a théann go domhain isteach i saol saibhir agus dána blasanna machiato. I réimse an chaife, áit a bhfuil gach cupán ina chanbhás ag fanacht le bheith péinteáilte le dathanna aroma agus blas, seasann an machiatto mar shampla de shimplíocht agus de elegance. Tugann "An leabhar cócaireachta foirfe i stíl machiatto" cuireadh duit do thaithí caife a ardú, ag scaoileadh acmhainneacht an dí clasaiceach ach ilúsáideach seo trí 100 oideas cruthaitheach agus sobhlasta.

Pictiúr an radharc: hiss an mheaisín espresso, cumhráin mheisciúil pónairí caife úrnua, agus an t-ionchas a líonann an t-aer agus tú ag dul ar thuras chun an machiatto foirfe a chruthú. Sna leathanaigh seo, téann muid níos faide ná an gnáthamh agus scrúdaíonn muid ealaín na déanamh machiato. Is siansa atá déanta go cúramach gach oideas, a chumasc déine an espresso le saibhreas velvety an bhainne frothy, ag tairiscint pailéad blasanna a théann thar theorainneacha traidisiúnta an deoch chaife seo.

Cibé an bhfuil fonn caife seasoned thú, barista i ndéanamh, nó duine éigin díreach ag tosú ar iniúchadh a dhéanamh ar shaol na espresso, tá an leabhar cócaireachta deartha le bheith i do chompánach. Le chéile, déanfaimid iniúchadh ar na teicníochtaí, na comhábhair, agus na cineálacha cruthaitheacha a iompaíonn machiato simplí ina eispéireas blaistithe agus taitneamhach.

Mar sin, agus tú ag tabhairt faoin odyssey caife seo, b'fhéidir go mbeadh do chupán ag cur thar maoil leis an saibhreas, an dána agus an chruthaitheacht a shainíonn saol na machiato. Seo an t-áthas a bhaineann le blasanna nua a iniúchadh, an ealaín a bhaineann le cupán foirfe a dhéanamh, agus an pléisiúr simplí a thagann le gach sip. Grab do mug is fearr leat, tine suas an meaisín espresso, agus a ligean ar Léim isteach An leabhar cócaireachta foirfe i stíl machiatto. Bíodh do chuimhneacháin caife gan aon rud neamhghnách!

# BRICFAST

# 1. Pancóga Carmel Macchiato

**COMHÁBHAIR:**
- 1 cupán pancóg meascán
- 1/2 cupán bainne
- 1 ubh
- 2 spúnóg bhoird anlann caramal
- 1 lámhaigh espresso (nó caife láidir)

**TREORACHA:**
a) I mbabhla, meascán pancóg, bainne, agus ubh go dtí go réidh.
b) Teas greille nó uile neamh-bata thar mheánteas.
c) Doirt 1/4 codanna cupán fuidrimh ar an griddle.
d) Agus tú ag cócaireacht, cuir anlann caramal ar gach pancóg agus cuir méid beag espresso ar a bharr.
e) Smeach na pancóga nuair a fhoirmíonn boilgeoga ar an dromchla agus cócaireacht go dtí go donn órga.
f) Freastal le anlann caramal breise agus lámhaigh espresso ar an taobh.

## 2.Babhla Smoothie Vanilla Almond Macchiato

**COMHÁBHAIR:**
- 1 banana reoite
- 1/2 cupán bainne almond
- 1/2 cupán caife brewed, fuaraithe
- 1 spúnóg bhoird im almond
- 1 teaspoon sliocht vanilla
- Granola, almóinní slisnithe, agus mil le haghaidh bearrtha

**TREORACHA:**
a) Déan banana reoite, bainne almond, caife, im almond, agus sliocht vanilla a chumasc go dtí go réidh.
b) Doirt an smoothie isteach i mbabhla.
c) Ceobhrán lámhaigh espresso ar a bharr i stíl macchiato.
d) Barr le granola, almóinní slisnithe, agus ceobhrán meala.

# 3. Hazelnut Macchiato Coirce Thar Oíche

**COMHÁBHAIR:**
- 1/2 cupán coirce rollta
- 1/2 cupán bainne (déiríochta nó plandaí-bhunaithe)
- 1 tablespoon síoróip hazelnut
- 1 lámhaigh espresso (nó caife láidir)
- Cnónna coill mionghearrtha le haghaidh garnish

**TREORACHA:**
a) I próca, cuir le chéile coirce rollta, bainne, síoróip cnónna coill, agus espresso.
b) Corraigh go maith, clúdaigh, agus cuisnigh thar oíche.
c) Ar maidin, tabhair corraigh maith dó agus barr le cnónna coill mionghearrtha.

# 4.Parfait Iógart Mocha Macchiato

**COMHÁBHAIR:**
- 1 cupán iógart Gréigis
- 2 spúnóg bhoird síoróip seacláide
- 1 lámhaigh espresso (nó caife láidir)
- 2 spúnóg bhoird de pónairí caife brúite seacláide
- Caora úra le haghaidh bearrtha

**TREORACHA:**
a) I gloine nó babhla, ciseal iógart Gréagach, síoróip seacláide, agus espresso.
b) Déan na sraitheanna arís.
c) Barr le pónairí caife brúite seacláide agus caora úra.

# 5. Cnó cócó Macchiato Chia Pudding

**COMHÁBHAIR:**
- 3 spúnóg bhoird síolta chia
- 1 cupán bainne cnó cócó
- 1 spúnóg bhoird síoróip maple
- 1 lámhaigh espresso (nó caife láidir)
- Calóga cnó cócó tósta le haghaidh bearrtha

**TREORACHA:**
a) I mbabhla, measc síolta chia, bainne cnó cócó, síoróip maple, agus espresso.
b) Corraigh go maith agus cuisnigh ar feadh 2 uair ar a laghad nó thar oíche.
c) Sula ndéanfaidh tú é, tabhair corraigh maith dó agus cuir calóga cnó cócó tósta air.

## 6.Tósta Francach Macchiato

## COMHÁBHAIR:
- 2 spúnóg caife toirt
- 2 spúnóg siúcra
- 2 spúnóg uisce te
- 4 slisní aráin
- 2 uibheacha
- ½ cupán bainne
- 1 teaspoon sliocht vanilla
- Im, le haghaidh cócaireachta

## TREORACHA:
a) I mbabhla, whisk le chéile caife toirt, siúcra, agus uisce te go dtí go tiubh agus frothy.
b) I mias éadomhain, cuir uibheacha, bainne agus sliocht vanilla le chéile.
c) Tum gach slice aráin isteach sa mheascán uibhe, ag bratú an dá thaobh.
d) Fill go réidh leath den mheascán Macchiato bhuailtí isteach sa mheascán uibheacha atá fágtha.
e) Teas friochtán nó greille thar mheán teas agus leá im.
f) Cócaigh na slisní aráin sáithithe go dtí go mbeidh siad donn órga ar an dá thaobh.
g) Freastal ar an tósta Francach le dollop den mheascán Macchiato atá fágtha ar a bharr.

# 7.Muifíní Uachtar Macchiato

**COMHÁBHAIR:**
**DON CHOCOLATE RIPPLE:**
- ¼ cupán plúr uilefheidhme
- 2 spúnóg siúcra donn, pacáilte go héadrom
- 1 teaspoon cainéal
- 2 spúnóg im nó margairín
- 2 chearnóg seacláide semisweet, mionghearrtha

**DON CHUID MUFFIN:**
- 2 spúnóg gráinníní caife toirt
- ½ cupán uisce te
- 2 ½ cupán plúr uilefheidhme
- ½ cupán siúcra
- 1 spúnóg bhoird púdar bácála
- 1 teaspoon cainéal
- ½ teaspoon salann
- 2 uibheacha
- 1 cupán uachtar géar
- ⅓ cupán im nó margairín, leáite
- 1 seacláid leathmhilis cearnach, leáite (roghnach)

**TREORACHA:**
a) Cuir cupáin muifín ramhar nó líneáil iad le cupáin bácála páipéir. Déan do oigheann a théamh go 400°F (200°C).

**DON CHOCOLATE RIPPLE:**
b) I mbabhla beag, measc an plúr uilechuspóireach, an siúcra donn agus an cainéal.
c) Gearr an t-im go dtí go mbeidh an meascán cosúil le blúiríní mín.
d) Corraigh isteach an seacláid mionghearrtha. Cuir an meascán ripple seacláide seo ar leataobh.

**DON CHUAIRT MUFFIN:**
e) Tuaslaig na gráinníní caife meandracha san uisce te agus lig dó fuarú.
f) I mbabhla mór, measc an plúr uilechuspóireach, an siúcra, an púdar bácála, an cainéal agus an salann.
g) I mbabhla eile, buille na huibheacha, uachtar géar, im leáite, agus an meascán caife fuaraithe mar aon le whisk nó forc.
h) Corraigh an meascán leachtach isteach sna comhábhair thirim, ag corraigh díreach go dtí go mbeidh siad tais. Beidh an fuidrimh righin.
i) Cuir leath an fhuidrimh muifín isteach sna cupáin muifín ullmhaithe.
j) Cuir spúnóg bhoird den mheascán ripple seacláide ar bharr gach muifín.
k) Barr gach muifín leis an fuidrimh muifín atá fágtha.
l) Bácáil san oigheann réamhthéite ar feadh 20 go 25 nóiméad nó go dtí go bhfuil na muifíní daingean faoi do lámh.
m) Lig do na muifíní fuarú sa phanna ar feadh 5 nóiméad, ansin iad a bhaint as an bpanna agus iad a aistriú chuig raca fuaraithe.
n) Más mian leat, cuir an seacláid leáite ar bharr na muifíní.
o) Bain sult as do Muffins Uachtar Macchiato delicious le Seacláid Ripple!

# 8. Waffles Macchiato

## COMHÁBHAIR:
- 2 spúnóg caife toirt
- 2 spúnóg siúcra
- 2 spúnóg uisce te
- 1 ¾ cupán plúr uilefhóinteach
- 2 taespúnóg púdar bácála
- ½ teaspoon salann
- 2 spúnóg siúcra
- 1 ¾ cupán bainne
- ⅓ cupán ola glasraí
- 2 uibheacha

## TREORACHA:
a) I mbabhla, whisk le chéile caife toirt, siúcra, agus uisce te go dtí go tiubh agus frothy.
b) I mbabhla ar leith, cuir plúr, púdar bácála, salann agus siúcra le chéile.
c) I mbabhla eile, cuir bainne, ola glasraí agus uibheacha le chéile.
d) Cuir na comhábhair fhliucha leis na comhábhair thirim agus corraigh go dtí go mbeidh siad comhcheangailte.
e) Fill go réidh i leath den mheascán Macchiato buailte.
f) Preheat iarann waffle agus ramhar go héadrom le ola nó spraeála neamh-bata.
g) Doirt an fuidrimh ar an iarann waffle agus cócaráil go dtí go donn órga.
h) Freastal leis an meascán Macchiato atá fágtha ar an mbarr.

# 9. Donuts Macchiato

**COMHÁBHAIR:**
- 2 chupán plúr uilechuspóireach
- ½ cupán siúcra
- 2 taespúnóg púdar bácála
- ½ teaspoon salann
- ½ cupán bainne
- 2 uibheacha
- 2 spúnóg im unsalted, leáite
- 2 spúnóg caife toirt
- 2 spúnóg uisce te
- Ola le haghaidh friochta
- Siúcra púdraithe (le haghaidh dhustáil)

**TREORACHA:**

a) I mbabhla mheascadh, le chéile plúr, siúcra, púdar bácála, agus salann.
b) I mbabhla ar leith, whisk le chéile bainne, uibheacha, agus im leáite.
c) De réir a chéile cuir na comhábhair fliuch leis na comhábhair thirim, ag corraigh go dtí go díreach comhcheangailte.
d) I mbabhla beag, whisk le chéile caife toirt agus uisce te go dtí frothy.
e) Fill go réidh an froth caife isteach sa fuidrimh.
f) Teas an ola i bhfriochtán domhain nó i bpota mór go 350°F (175°C).
g) Cuir spúnóga fuidrimh isteach san ola the agus friochadh go dtí go mbeidh siad donn órga, ag sileadh leath bealaigh tríd.
h) Bain na donuts as an ola agus taosc ar thuáillí páipéir.
i) Dust na donuts le siúcra púdraithe.
j) Freastal agus taitneamh a bhaint as na donuts Macchiato dhochoiscthe ag baint leis!

# 10.Muifíní Macchiato

**COMHÁBHAIR:**
- 2 chupán plúr uilechuspóireach
- ½ cupán siúcra
- 1 spúnóg bhoird púdar bácála
- ½ teaspoon salann
- 1 cupán bainne
- ½ cupán ola glasraí
- 2 uibheacha
- 2 spúnóg caife toirt
- 2 spúnóg uisce te

**TREORACHA:**
a) Déan an oigheann a théamh go 375°F (190°C) agus líneáil stán muifín le líneálacha páipéir.
b) I mbabhla mheascadh, le chéile plúr, siúcra, púdar bácála, agus salann.
c) I mbabhla ar leith, cuir bainne, ola glasraí agus uibheacha le chéile.
d) De réir a chéile cuir na comhábhair fliuch leis na comhábhair thirim, ag corraigh go dtí go díreach comhcheangailte.
e) I mbabhla beag, whisk le chéile caife toirt agus uisce te go dtí frothy.
f) Fill go réidh an froth caife isteach sa fuidrimh.
g) Líon gach cupán muifín thart ar ¾ iomlán leis an fuidrimh.
h) Bácáil ar feadh 18-20 nóiméad nó go dtí go dtiocfaidh pioc fiacla a cuireadh isteach sa lár amach glan.
i) Lig do na muifíní fuarú sula ndéantar freastal orthu.
j) Bain sult as na muifíní aoibhne Macchiato mar bhricfeasta nó mar shneaiceanna!

## 11. Pancóga Macchiato

## COMHÁBHAIR:
- 2 spúnóg caife toirt
- 2 spúnóg siúcra
- 2 spúnóg uisce te
- 1 cupán plúr uilechuspóireach
- 1 spúnóg siúcra
- 1 teaspoon púdar bácála
- ½ teaspoon sóid aráin
- ¼ teaspoon salann
- 1 cupán bláthach
- 1 ubh
- 2 spúnóg bhoird im leáite

## TREORACHA:
a) I mbabhla, whisk le chéile caife toirt, siúcra, agus uisce te go dtí go tiubh agus frothy.
b) I mbabhla ar leith, le chéile plúr, siúcra, púdar bácála, sóid aráin, agus salann.
c) I mbabhla eile, whisk le chéile bláthach, ubh, agus im leáite.
d) Cuir na comhábhair thirim leis na comhábhair fhliucha agus corraigh go dtí go mbeidh siad comhcheangailte.
e) Fill go réidh i leath den mheascán Macchiato buailte.
f) Teas pana nó greille neamh-bata thar mheánteas.
g) Doirt ¼ cupán fuidrimh ar an bpanna do gach pancóg.
h) Cook go dtí go bhfoirmíonn boilgeoga ar an dromchla, ansin smeach agus cócaireacht go dtí go donn órga.
i) Freastal leis an meascán Macchiato atá fágtha ar an mbarr.

# 12. Scónna Macchiato

**COMHÁBHAIR:**
- 2 chupán plúr uilechuspóireach
- ¼ cupán siúcra gráinnithe
- 2 spúnóg gráinníní caife toirt
- 1 spúnóg bhoird púdar bácála
- ½ teaspoon salann
- ½ cupán im fuar gan salann, ciúbaithe
- ½ cupán uachtar trom
- ¼ cupán caife brewed láidir, fuaraithe
- 1 teaspoon sliocht vanilla
- ½ cupán sceallóga seacláide leathmhilis (roghnach)
- 1 ubh (do nigh uibheacha)
- Siúcra garbh (le haghaidh sprinkling, roghnach)

**TREORACHA:**

a) Déan do oigheann a théamh go 400°F (200°C) agus líneáil leathán bácála le páipéar pár.

b) I mbabhla meascadh mór, cuir an plúr, an siúcra gránaithe, na gráinníní caife meandracha, an púdar bácála agus an salann le chéile.

c) Cuir an t-im ciúbach fuar leis na comhábhair thirim. Bain úsáid as gearrthóir taosráin nó do mhéara chun an t-im a oibriú isteach sa mheascán tirim go dtí go bhfuil sé cosúil le blúiríní garbh.

d) I mbabhla ar leith, le chéile an uachtar trom, caife brewed, agus sliocht vanilla.

e) Doirt na comhábhair fliuch isteach sa mheascán tirim agus corraigh go dtí go mbeidh tú comhcheangailte. Más mian leat, fillte isteach na sliseanna seacláide semisweet.

f) Cas an taos amach ar dhromchla plúr agus déan go réidh é cúpla uair go dtí go dtagann sé le chéile.

g) Pat an taos isteach i gciorcal thart ar 1 orlach tiubh. Gearr an ciorcal ina 8 dingeacha.

h) Cuir na scónaí ar an mbileog bácála ullmhaithe. Buail an ubh agus scuab thar bharr na scónaí í. Sprinkle le siúcra garbh, má tá sé á úsáid.

i) Bácáil san oigheann réamhthéite ar feadh 15-18 nóiméad nó go dtí go mbíonn na scónaí donn órga agus go dtagann pioc fiacla a cuireadh isteach sa lár amach glan.

j) Lig do na scónaí Macchiato fuarú ar raca sreinge sula ndéantar freastal orthu.

# 13.Carmel Macchiato Arán Banana

**COMHÁBHAIR:**
- Spraeála cócaireachta
- 2 chupán plúr uilechuspóireach
- 1 teaspoon sóid aráin
- 1 teaspoon púdar bácála
- ½ teaspoon cainéal talún
- ⅛ teaspoon salann
- 2 bananaí móra an-aibí
- ½ cupán uachtaróir caife leachtach le blas caramal macchiato
- ½ cupán ola glasraí
- 2 uibheacha
- ⅔ cupán siúcra bán
- 2 spúnóg gráinníní caife toirt
- 6 spúnóg im gan salann
- 6 spúnóg bhoird siúcra donn pacáilte
- 1 teaspoon sliocht vanilla

**TREORACHA:**
a) Preheat oigheann go 350 céim F (175 céim C). Sprae pan builín 9x5-orlach le spraeála cócaireachta.
b) I mbabhla, cuir plúr, sóid bácála, púdar bácála, cainéal agus salann le chéile.

**MEASCÁN BANANA:**
c) I mbabhla meascadh mór, braichlis na bananaí go dtí go mbeidh siad beagnach réidh.
d) Corraigh isteach an creamer caife, ola glasraí, uibheacha, siúcra, agus gráinníní caife toirt go dtí go thuaslagann na gráinníní caife.
e) Corraigh an meascán plúir de réir a chéile, thart ar 1/2 cupán ag an am, go dtí go bhfuil an fuidrimh beagnach réidh. Doirt an fuidrimh isteach sa phana builín ullmhaithe.

**Bácáil:**
f) Bácáil in oigheann réamhthéite ar feadh thart ar 1 uair an chloig go dtí go dtiocfaidh pioc fiacla a cuireadh isteach i lár an aráin banana amach glan. Lig dó fuarú sula mbaintear as an bpanna é.

**GLOINE CARAMEL:**
g) Leáigh an t-im gan shailleadh i sáspan thar teas meánach. Measc an siúcra donn agus an sliocht fanaile.
h) Tabhair an meascán chun boil, corraigh chun siúcra a thuaslagadh, agus teas a laghdú chun suanbhruith.
i) Suanbhruith an síoróip ar feadh 3 nóiméad. Lig dó fuarú go teocht te ach leachtach, ansin Doirt an glaze thar an arán banana. Freastal nuair a bheidh an glaze socraithe.

## 14. Rollaí Cinnamon Macchiato

**COMHÁBHAIR:**
- 2 ¾ cupán plúr uilefhóinteach
- ¼ cupán siúcra
- 1 teaspoon salann
- 1 paicéad giosta toirt
- ½ cupán bainne
- ¼ cupán im neamhshaillte, leáite
- 1 ubh
- 2 spúnóg caife toirt
- 2 spúnóg uisce te
- ¼ cupán im, bogtha
- ¼ cupán siúcra donn
- 1 teaspoon cainéal
- Froscadh cáis uachtair (roghnach)

**TREORACHA:**

a) I mbabhla mheascadh, le chéile plúr, siúcra, salann, agus giosta.
b) I sáspan beag, teas an bainne go dtí go mbeidh sé te.
c) I mbabhla ar leith, whisk le chéile im leáite agus ubh.
d) De réir a chéile cuir an bainne te agus an meascán ime leis na comhábhair thirim, ag corraigh go dtí go bhfoirmíonn taos.
e) Knead an taos ar dhromchla éadrom plúr ar feadh thart ar 5 nóiméad nó go dtí go réidh agus leaisteach.
f) Cuir an taos i mbabhla greased, clúdaigh sé, agus lig dó ardú in áit te ar feadh 1 uair an chloig nó go dtí go ndéantar é a dhúbailt.
g) I mbabhla beag, whisk le chéile caife toirt agus uisce te go dtí frothy.
h) Rollaigh an taos ar dhromchla plúr isteach i dronuilleog mhór.
i) Scaip im softened thar an taos, ag fágáil teorainn bheag timpeall an imill.
j) Sprinkle siúcra donn agus cainéal go cothrom thar an im.
k) Leathnaigh an froth caife go réidh thar an gciseal siúcra agus cainéal.
l) Ag tosú ó thaobh amháin fada, rolladh suas an taos go docht isteach i log.
m) Gearr an logáil isteach i 12 slices comhionann.
n) Cuir na slices i mias bácála greased, clúdaigh iad, agus lig dóibh ardú ar feadh 30 nóiméad eile.
o) Preheat an oigheann go 375°F (190°C).
p) Bhácáil na rollaí cainéal ar feadh 20-25 nóiméad nó go dtí go donn órga.
q) Más mian leat, ceobhrán ar na rollaí le sioc cáis uachtair agus iad fós te.
r) Freastal agus taitneamh a bhaint as rollaí cainéal Macchiato te agus gooey!

## 15. Arán Macchiato

**COMHÁBHAIR:**
- 3 gealacán uibhe
- 3 spúnóg siúcra
- 3 spúnóg bhoird de caife toirt
- 3 spúnóg bhoird d'uisce te
- 1 cupán plúr uilechuspóireach
- 1 teaspoon púdar bácála
- Pinch salainn

**TREORACHA:**

a) Déan do oigheann a théamh go 325°F (165°C) agus líneáil bileog bácála le pár.

b) I mbabhla mheascadh, le chéile na whites ubh agus siúcra. Ag baint úsáide as meascthóir leictreach, guair an meascán go dtí go gcruthóidh beanna righin. Tógfaidh sé seo cúpla nóiméad.

c) I mbabhla ar leith, déan an caife toirt a dhíscaoileadh in uisce te, ag corraigh go dtí go tuaslagtha go hiomlán.

d) Cuir an meascán caife leis na whites uibheacha buailte agus fillte go réidh é go dtí go mbeidh sé ionchorpraithe go hiomlán.

e) I mbabhla eile, cuir an plúr uilechuspóireach, an púdar bácála agus an salann le chéile.

f) De réir a chéile cuir an meascán comhábhar tirim leis an meascán gealacán uibhe, agus fillte go réidh é go dtí go mbeidh sé comhcheangailte. Bí cúramach gan ró-mheascadh.

g) Cuir bábóga den fhuidreamh ar an mbileog bácála ullmhaithe, agus cruthaigh iad i gcruthanna nó i dumhaí aráin atá ag teastáil.

h) Cuir an leathán bácála san oigheann réamhthéite agus bácáil ar feadh thart ar 25-30 nóiméad nó go dtí go bhfuil an t-arán donn órga agus socraithe.

i) Nuair a bheidh sé bácáilte, bain an t-arán Macchiato as an oigheann agus lig dó fuarú ar raca sreang.

# 16. Macchiato Biscotti

**COMHÁBHAIR:**
- 2 chupán plúr uilechuspóra neamhthuartha
- 1 cupán siúcra
- ½ teaspoon sóid aráin
- ½ teaspoon púdar bácála
- ½ teaspoon salann
- ½ teaspoon cainéal talún
- ½ teaspoon clóibh talún
- ¼ cupán espresso fuar láidir brewed
- 1 spúnóg bhoird espresso fuar brewed láidir
- 1 spúnóg bhoird bainne
- 1 teaspoon bainne
- 1 buíocán uibhe mór
- 1 teaspoon sliocht vanilla
- ¾ cupán cnónna coill tósta agus mionghearrtha go garbh
- ½ cupán sliseanna seacláide leathmhilis

**TREORACHA:**

a) I mbabhla meascthóir leictreach atá feistithe leis an gceangal paddle, le chéile an plúr, siúcra, sóid aráin, púdar bácála, salann, cainéal, agus clóibh go dtí go measctha go maith.

b) I mbabhla beag, cuir an espresso fuar, bainne, buíocán uibhe agus sliocht vanilla le chéile. Cuir an meascán seo leis na comhábhair thirim sa mheascthóir. Buille go dtí go bhfoirmíonn taos.

c) Corraigh isteach na cnónna coill tósta agus miongheartha agus sceallóga seacláide leath-mhilis.

d) Cas an taos amach ar dhromchla plúr. Knead arís agus arís eile é, ansin é a roinnt ina dhá leath.

e) Agus na lámha a bhfuil plúr orthu, cruthaigh gach leath den taos isteach i log flattish 12 orlach ar fad agus 2 orlach ar leithead. Cuir na lomáin ar a laghad 3 orlach óna chéile ar bhileog bácála mór atá im agus plúr.

f) Bácáil na lomáin i lár oigheann réamhthéite 350°F (175°C) ar feadh 35 nóiméad. Lig dóibh fuarú ar an mbileog bácála ar raca ar feadh thart ar 10 nóiméad.

g) Laghdaigh teocht an oigheann go 300°F (150°C). Ar chlár gearrtha, gearr na lomáin go trasnánach i slisní ¾ orlach. Cuir an biscotti, gearrtha síos taobhanna, ar an mbileog bácála.

h) Bácáil ar feadh 5 go 6 nóiméad ar gach taobh, nó go dtí go cas siad pale órga.

i) Aistrigh an biscotti chuig racaí fuaraithe agus lig dóibh fuarú go hiomlán.

j) Stóráil na biscotti i gcoimeádáin aerdhíonacha chun iad a choinneáil úr.

k) Bain sult as do biscotti Macchiato homemade!

## 17. Carmel Macchiato Bácáilte Donuts

**COMHÁBHAIR:**
**DO NA DONUTS:**
- 1 cupán plúr uilechuspóireach
- 1/2 cupán siúcra
- 1 1/2 taespúnóg púdar bácála
- 1/4 teaspoon salann
- 1/4 teaspoon cainéal (nó púdar espresso)
- 1/4 cupán bainne
- 1/3 cupán uachtaróir Carmel Macchiato International Delight®
- 1/2 teaspoon fínéagar bán
- 1/2 teaspoon sliocht vanilla
- 1 ubh
- 4 spúnóg im, leáite agus fuaraithe

**DON GLÉAS:**
- 2 spúnóg bhoird de uachtaróir Carmel Macchiato International Delight®
- 1/2 teaspoon sliocht vanilla
- 1 cupán siúcra púdraithe

**TREORACHA:**
a) Preheat an oigheann go 350°F.
b) I mbabhla mór, cuir na comhábhair thirim le chéile trí phlúr, siúcra, púdar bácála, salann agus cainéal (nó púdar espresso) a chur le chéile.
c) I mbabhla ar leith, cuir bainne le chéile, creamer Carmel Macchiato International Delight®, fínéagar bán, fanaile, ubh, agus im leáite. Whisk go dtí le chéile.
d) Cuir na comhábhair fliuch leis na comhábhair thirim agus corraigh le spatula go dtí go mbeidh siad ionchorpraithe.
e) Déan pana cuas 12 donut a ramhar go saorálach agus úsáid spúnóg bhoird chun an fuidrimh a sprú isteach sa phanna donut. Bí cinnte a líonadh ach thart ar leath bealaigh, nó beidh do donuts puff thar barr an uile.
f) Bácáil ar feadh 12 nóiméad, nó go dtí go dtiocfaidh toothpick isteach glan.
g) Bain as an oigheann agus lig dó fuarú, ansin bain as an uile.

**DON GLÉAS:**
h) Comhcheangail siúcra púdraithe, creamer Carmel Macchiato International Delight®, agus vanilla i mbabhla beag. Whisk go dtí le chéile.
i) Tum na donuts fuaraithe sa glaze agus lig don ghlónrú cruaite beagán ar raca fuaraithe sula mbainfidh tú taitneamh as.

# 18. Croissants Macchiato

**COMHÁBHAIR:**
- 1 bhaisc de thaos croissant (déanta sa bhaile nó i siopa)
- ¼ cupán espresso nó caife láidir
- ½ sliseanna seacláide cupán
- ¼ cupán almóinní slisnithe (roghnach)
- Siúcra púdraithe le haghaidh dhustáil

**TREORACHA:**
a) Déan do oigheann a réamhthéamh de réir na dtreoracha maidir le taos croissant.
b) Rollaigh amach an taos croissant agus gearr ina thriantáin é.
c) Tum gach triantán isteach san espresso nó caife.
d) Sprinkle sliseanna seacláide agus almóinní slisnithe (má tá siad á n-úsáid) thar gach triantán.
e) Rollaigh suas gach triantán, ag tosú ón taobh leathan.
f) Cuir na croissants ar bhileog bácála agus bácáil de réir na dtreoracha taos.
g) Nuair a bhíonn siad bácáilte agus fuaraithe, deannach iad le siúcra púdraithe roimh iad a sheirbheáil.

# 19.Muifíní sliseanna Macchiato

**COMHÁBHAIR:**
**DON MUFFINS:**
- 2 chupán plúr uilechuspóireach
- ¾ cupán siúcra
- 2 ½ taespúnóg púdar bácála
- ½ teaspoon salann
- 2 taespúnóg púdar caife espresso toirt
- ½ teaspoon cainéal talún
- 1 cupán bainne (scaldáilte agus fuaraithe, más mian)
- 1 ubh, buailte go héadrom
- ½ cupán im nó margairín saillte go héadrom, leáite agus fuaraithe
- 1 teaspoon sliocht vanilla
- ¾ cupán sliseanna seacláide leathmhilis

**DON Scaipeadh ESPRESSO:**
- 4 unsa cáis uachtair, softened
- 1 spúnóg siúcra
- ½ teaspoon sliocht vanilla
- ½ teaspoon púdar espresso toirt
- 1 unsa seacláide leath-mhilis, grátáilte

**TREORACHA:**
**DON MUFFINS:**
a) Déan do oigheann a théamh go 375°F (190°C) agus ullmhaigh pana muifín le líneálacha páipéir nó trí na cupáin a ghreasú.
b) I mbabhla mór, corraigh an plúr, an siúcra, an púdar bácála, an púdar caife espresso toirt, an salann, agus an cainéal meilte le chéile.
c) I mbabhla eile, corraigh an bainne le chéile, im leáite agus fuaraithe, ubh éadrom buailte, agus sliocht fanaile go dtí go cumasc go maith.
d) Cuir an meascán tirim leis an meascán fliuch agus corraigh go dtí go díreach le chéile.
e) Fill go réidh sna mionsceallóga seacláide semisweet.
f) Spúnóg an fuidrimh muifín isteach sna cupáin muifín ullmhaithe, ag líonadh gach ceann thart ar ⅔ iomlán.
g) Bácáil san oigheann réamhthéite ar feadh 15-20 nóiméad nó go dtí go dtiocfaidh pioc fiacla a cuireadh isteach i lár muifín amach glan.
h) Lig do na muifíní fuarú sa phanna ar feadh cúpla nóiméad, ansin iad a aistriú chuig raca sreang chun fuarú go hiomlán. Is féidir na muifíní seo a reoite le haghaidh taitneamh níos déanaí.

**DON Scaipeadh ESPRESSO:**
i) Cuir na comhábhair go léir (cáis uachtar, siúcra, sliocht fanaile, púdar espresso toirt, agus seacláid leathmhilis grátáilte) i bpróiseálaí bia atá feistithe le lann cruach.
j) Próiseáil ar feadh thart ar 30 soicind nó go dtí go réidh, ag stopadh le scrape síos ar thaobh an choimeádáin le scraper rubair más gá.
k) Freastal ar an Scaip Espresso láithreach nó clúdaigh agus cuisnigh. Chun freastal, lig dó seasamh ag teocht an tseomra ar feadh thart ar 10 nóiméad chun a mhaolú.
l) Bain sult as do Muffins Sliseanna Macchiato leis an Spread Espresso delectable!

# Sneaiceanna

## 20.Cupáin toirtín Caffè Macchiato

## COMHÁBHAIR:

### DON Mheascán Caife:
- 1 tablespoon licéar caife
- 1 teaspoon vanilla
- 1 teaspoon púdar caife espresso toirt

### DO na sliogáin tart:
- 1 cupán im, softened
- 1/2 cupán siúcra gráinnithe
- 1 ubh
- 2 chupán plúr

### DO LÍONADH Caife:
- 1/4 cupán im, bogtha
- 4 cupáin siúcra púdraithe
- 1/4 cupán bainne
- 2 taespúnóg licéar caife

### DO DUSTING:
- Púdar cócó neamh-mhilsithe

## TREORACHA:

a) Corraigh na chéad trí chomhábhar le chéile (licéar caife, vanilla, agus púdar caife espresso toirt) go dtí go tuaslagtha. Curtha i leataobh.

b) Buail an t-im, an siúcra, agus an ubh go dtí go clúmhach. Cuir an meascán caife leis agus cumasc go mall sa phlúr. Roinn an taos ina dhá leath, wrap i wrap plaisteach, agus cuisnigh ar feadh uair an chloig.

c) Roinn gach cuid ina 24 liathróid agus brúigh isteach i bpanna mionghearrtha gan gheas. Bácáil in oigheann réamhthéite 375°F ar feadh 8-10 nóiméad.

d) Bain as an oigheann agus súmáil lár na toirtíní síos. Lig dóibh fuarú sna pannaí ar feadh 5-10 nóiméad.

e) I mbabhla meánach, buille an t-im atá fágtha, siúcra púdraithe, bainne, fanaile, agus licéar caife go dtí go réidh agus go clúmhach.

f) Píob nó spúnóg an líonadh isteach sna sliogáin toirtín fuaraithe agus deannach le púdar cócó.

# 21.Strufail Carmel Macchiato Seacláid

**COMHÁBHAIR:**
**DON LÍONADH:**
- 10 dáta medjool, sáithithe ar feadh 1 uair an chloig ar a laghad
- 4 spúnóg bainne almond
- 1 1/2 taespúnóg sliocht fanaile
- 1 1/4 taespúnóg forais espresso
- 1/2 teaspoon salann mara
- 1/2 cupán caisiú amh, sáithithe ar feadh 1 uair ar a laghad
- 1/4 cupán coirce rollta (saor ó ghlútan más gá)

**DON BARRAÍ CARAMEL:**
- 2 spúnóg bhoird bainne almond

**DON bhratú seacláide:**
- 1 cupán seacláid vegan mionghearrtha nó sliseanna seacláide
- 2 taespúnóg ola cnó cócó

**TREORACHA:**
a) Líne bileog bácála le pár agus cuir ar leataobh é.
b) I mbabhla próiseálaí bia, próiseáil na dátaí go dtí go réidh. Cuir an bainne almond, sliocht vanilla, agus salann. Próiseáil go dtí go réidh, scríobadh na taobhanna de réir mar is gá. Bain 2 spúnóg den mheascán agus cuir i mbabhla é ar feadh níos déanaí.
c) Cuir an espresso, cashews, agus coirce leis an bpróiseálaí bia agus leanúint ar aghaidh ag próiseáil go dtí go réidh, ag scríobadh na taobhanna de réir mar is gá. Féadfaidh sé seo roinnt nóiméad a ghlacadh.
d) Nuair a bheidh sé réidh, aistrigh an meascán go mála taosráin nó mála plaisteach in-athdhíolta le cúinne gearrtha thart ar 1/2 orlach ón deireadh. Píob an meascán i blobaí beaga ar an mbileog bácála. Is féidir leat tosú le 18 blobaí beaga nó níos mó a dhéanamh más fearr leat, ach tógfaidh sé níos faide é a dhaingniú sa chuisneoir.
e) Cé go bhfuil na blobaí ag teannadh suas, glac an meascán caramal forchoimeádta (2 spúnóg bhoird) agus corraigh 2 spúnóg bhoird bainne. Curtha i leataobh. Sruthlaigh amach do mhála taosráin, agus bíodh barr níos lú agat chun an sciath caramal a chur i bhfeidhm níos déanaí.
f) Cuir an leathán bácála sa chuisneoir agus lig do na blobaí daingean suas ar feadh thart ar 30 nóiméad (nó sa reoiteoir ar feadh thart ar 15 nóiméad). Bain agus go tapa rolladh gach blob isteach i liathróid. Más

gá duit na blobaí a dhúbailt, déan é sin anois, ionas go mbeidh thart ar 18 liathróid agat san iomlán.

g) Cuir an leathán bácála sa chuisneoir ar feadh 15 nóiméad eile. Idir an dá linn, teas an seacláid agus an ola cnó cócó i gcoire dúbailte go dtí go leáigh. Nó, leáigh iad le chéile sa mhicreathonn in incrimintí 30 soicind, ag corraigh tar éis gach breisithe.

h) Bain an leathán bácála as an gcuisneoir agus, ceann ar cheann, scaoil liathróid isteach sa seacláid, bain úsáid as spúnóg chun é a chótáil go hiomlán, é a scoop amach agus a chur ar ais ar an mbileog bácála. Nuair a bheidh na strufail go léir brataithe i seacláid, cuir ar ais chuig an gcuisneoir iad agus lig dóibh fuarú go dtí go mbeidh siad socraithe, thart ar 5-10 nóiméad.

i) Bain úsáid as an mála taosráin le barr poll bídeach agus píobáin an barrán caramal ar bharr gach strufail. Roghnach, barr le beagán salainn mara.

j) Chill ar feadh 15-20 nóiméad eile roimh ag freastal. Coinnigh iad fuaraithe go dtí go mbeidh siad réidh le freastal.

## 22.Giotáin Cáise Carmel Macchiato

**COMHÁBHAIR:**
**SRUSTA:**
- 1 bhata d'Im Dúshláin Gan salann, leáite
- 2 chupán de bhruscar scáinteoir Graham brúite
- 2 spúnóg siúcra
- 1/2 teaspoon salainn

**CÁISC:**
- 3 (8 n-unsa) pacáiste de Cháis Uachtar Dúshláin, bogtha
- 1 cupán siúcra
- 3 uibheacha
- 1 (8-unsa) coimeádán de uachtar géar
- 1/4 cupán espresso nó caife láidir
- 2 taespúnóg de sliocht fanaile

**GARNISH:**
- 1 cupán siúcra
- 2 thaespúnóg móide 2 spúnóg uisce (roinnte)
- 1/4 cupán uachtar trom
- 1/4 teaspoon salainn
- 1 canna mór uachtair bhuailtí

**TREORACHA:**

a) Déan do oigheann a théamh go 350°F. Líne 2 stáin muifín le páipéir cupcake, rud a chruthaíonn 24 san iomlán.

b) I mbabhla meánach, measc na comhábhair don screamh. Roinn an meascán go cothrom idir na páipéir cupcake agus brúigh síos é ag baint úsáide as cupán tomhais. Bácáil san oigheann ar feadh 4 nóiméad, ansin é a chur ar leataobh le fuarú.

c) Laghdaigh an teocht san oigheann go 325°F.

d) Cuir an Cáis Uachtar Dúshlán bogtha agus 1 chupán siúcra i mbabhla meascthóir seastáin. Buille go dtí go n-éiríonn sé clúmhach, agus ba cheart go dtógfadh sé seo thart ar 5 nóiméad. Cé go bhfuil an meascthóir ag rith, cuir na huibheacha ceann ag an am go dtí go mbeidh siad ionchorpraithe go hiomlán. Cuir an t-uachtar géar, an caife, agus an fanaile leis, agus measc arís eile go dtí go mbeidh siad comhcheangailte go maith.

e) Dáil freisin an fuidrimh cáis uachtair i measc na mbonn muifín. Bhácáil na greamanna cheesecake go dtí go bhfuil siad a thuilleadh jiggly i lár, a thógann de ghnáth thart ar 20-25 nóiméad. Aistrigh iad chuig an gcuisneoir chun fuarú ar feadh 2 uair an chloig.

f) Cé go bhfuil na greamanna cheesecake ag fuarú, ullmhaigh an anlann caramal. I sáspan mór, cuir an 1 cupán siúcra agus 2 thaespúnóg uisce, agus teas thar teas meánach. Tilt an uileán go réidh chun an siúcra a mheascadh agus a leá, ach ná corraigh é.

g) Cook go dtí go bhfuil an siúcra go léir leáite agus athraíonn sé ómra i dath. Bain é as an teas agus láithreach whisk san uachtar, 2 spúnóg bhoird de uisce, agus salann. Má chruaíonn an siúcra agus má scarann sé ón uachtar, cuir ar ais chuig meánteas é agus corraigh go dtí go mbeidh sé leáite arís. Cuir an 1/4 teaspoon salainn leis agus corraigh chun cur le chéile. Lig dó fuarú ag teocht an tseomra nó cuir i ndabhach oighir é chun fuarú. Beidh an caramal tiubh go leor.

h) Díreach roimh ag freastal, garnish na greamanna cheesecake. Barr gach ceann acu le huachtar bhuailtí agus Ceobhrán le anlann caramal, nó lig do na haíonna a gcuid féin a mhaisiú. Bain taitneamh as!

## 23.Cnámháin Im Carmel Macchiato

**COMHÁBHAIR:**
**DO BHONÓIN CARAMEL MACCHIATO:**
- 1 spúnóg bhoird de phúdar espresso toirt
- 1/2 spúnóg bhoird de bhainne
- 1/2 teaspoon sliocht vanilla
- 1 cupán plúr
- 1/4 teaspoon cainéal
- 1/8 teaspoon salainn
- 1/2 cupán im neamhshaillte, bogtha (1 bhata)
- 1/4 cupán siúcra donn éadrom pacáilte
- 2 spúnóg siúcra
- 20 candies seacláide caramal-líonadh

**DON LUCHT ÉISTEACHTA:**
- 1 1/4 cupán siúcra púdraithe
- 1 spúnóg bhoird im, bogtha
- 1/4 teaspoon sliocht vanilla
- 4 go 5 taespúnóg bainne
- 20 leath bean caife

**TREORACHA:**
a) Déan do oigheann a théamh go 350°F.

**ULLMHAIGH MEASCÁN ESPRESSO**
b) I mbabhla beag, déan an púdar espresso a dhíscaoileadh i mbainne agus i vanilla. Socraigh an meascán seo ar leataobh.

**ULLMHAIGH COMHÁBHAIR TIRIM**
c) I mbabhla meánach, cuir an plúr, an cainéal agus an salann le chéile.
d) Socraigh an meascán seo ar leataobh.

**DÉANAMH COOKIE MOUGH**
e) I mbabhla mór, buail an t-im bogtha, an siúcra donn agus an siúcra le chéile ar feadh thart ar 2 nóiméad nó go dtí go n-éireoidh an meascán éadrom.
f) Cumaisc sa mheascán caife. De réir a chéile cuir an meascán plúir leis, ag meascadh go dtí go dtiocfaidh an taos le chéile.
g) Refrigerate an taos ar a laghad 1 uair an chloig.

**BÓNAS FOIRM**
h) Ag baint úsáide as spúnóg bhoird nó scóip fianán #40, tóg thart ar 1 spúnóg bhoird de thaos agus clúdaigh thart ar gach candy caramal é, ag cruthú cruth liathróide.
i) Cuir na liathróidí ar bhileoga bácála neamhleasaithe agus iad línéadaigh le páipéar pár.
j) Bácáil ar feadh 12-16 nóiméad nó go dtí go bhfuil sé socraithe, ach déan cinnte gan ligean do na fianáin donn. Bain na fianáin chuig raca fuaraithe.

**ULLMHAIGH Icing AGUS Maisigh**
k) I mbabhla beag, cumasc na chéad 3 chomhábhar icing le chéile. Corraigh go leor bainne isteach chun an t-oighriú a dhéanamh beagán leachtach, ansin é a cheobhadh thar na fianáin fhuaraithe. Cuir leatha pónairí caife ar bharr an icing.
l) Bain sult as do Bonbons Im Carmel Macchiato!

## 24. Rothaí bioráin Macchiato

## COMHÁBHAIR:
- 1 leathán taosráin puff (leáite)
- 2 spúnóg gráinníní caife toirt
- 2 spúnóg uisce te
- ¼ cupán siúcra gránaithe
- ½ teaspoon cainéal talún
- ¼ cupán pecans mionghearrtha (roghnach)
- Siúcra púdraithe le haghaidh dhustáil

## TREORACHA:
a) Déan do oigheann a théamh go 375°F (190°C) agus líneáil leathán bácála le páipéar pár.
b) Tuaslaig na gráinníní caife toirt in uisce te agus lig dó fuarú.
c) I mbabhla beag, measc an meascán caife, siúcra gráinneach, cainéal meilte, agus pecans mionghearrtha (má úsáideann).
d) Rollaigh an taosrán puff isteach i dronuilleog.
e) Scaip an meascán caife-siúcra go cothrom thar an taosrán.
f) Rollaigh an taosráin go docht ó cheann ceann go ceann eile.
g) Slice an taosrán rollta isteach i rotha bioráin 1-orlach agus cuir ar an mbileog bácála iad.
h) Bácáil ar feadh thart ar 15-20 nóiméad nó go dtí go bhfuil na pinwheels donn órga.
i) Dust le siúcra púdraithe roimh ag freastal.

## 25.Liathróidí Fuinnimh Macchiato

**COMHÁBHAIR:**
- 2 spúnóg caife toirt
- 2 spúnóg siúcra
- 2 spúnóg uisce te
- 1 cupán coirce rollta
- ½ cupán im cnó (m.sh., im peanut, im almond)
- ¼ cupán mil nó síoróip mhailpe
- ¼ cupán meilte flax
- ¼ cupán cnó cócó mionghearrtha
- ¼ cupán sliseanna seacláide mion

**TREORACHA:**
a) I mbabhla, whisk le chéile caife toirt, siúcra, agus uisce te go dtí go tiubh agus frothy.
b) I mbabhla mór, cuir le chéile coirce rollta, im cnó, mil nó síoróip mhailpe, flaxseed meilte, cnó cócó mionghearrtha, agus sliseanna seacláide mion.
c) Fill go réidh i leath den mheascán Macchiato buailte.
d) Measc go dtí go bhfuil na comhábhair go léir comhcheangailte go maith.
e) Rollaigh an meascán i liathróidí méide bite.
f) Cuir na liathróidí fuinnimh ar bhileog bácála atá líneáilte le pár.
g) Refrigerate ar feadh 30 nóiméad ar a laghad chun é a dhaingniú.
h) Stóráil i gcoimeádán aerdhíonach sa chuisneoir.

## 26.Clúimh Uachtar Boba Caife Macchiato

**COMHÁBHAIR:**
**DO na puffs uachtar:**
- ½ cupán uisce
- ¼ cupán im neamhshaillte
- ½ cupán plúr ilfheidhme
- 2 uibheacha móra

**DO LÍONADH Caife Macchiato:**
- 2 spúnóg caife toirt
- 2 spúnóg siúcra gráinnithe
- 2 spúnóg uisce te
- 1 cupán uachtar trom
- 2 spúnóg siúcra púdraithe
- 1 teaspoon sliocht vanilla
- Péarlaí boba cócaráilte, le líonadh

**TREORACHA:**

a) Déan do oigheann a théamh go 400°F (200°C) agus líneáil leathán bácála le páipéar pár.

b) I sáspan meánach, tabhair an t-uisce agus an t-im gan salann chun boil thar teas meánach.

c) Laghdaigh an teas go híseal agus cuir an plúr uilechuspóireach leis. Corraigh go fuinniúil go dtí go ndéanann an meascán liathróid agus go dtarraingíonn sé siar ó thaobh an uileáin.

d) Bain an uile as an teas agus lig an taos fionnuar ar feadh cúpla nóiméad.

e) Cuir na huibheacha leis, ceann ag an am, ag bualadh go maith tar éis gach suimiú. Ba chóir go mbeadh an taos réidh agus snasta.

f) Aistrigh an taos chuig mála píobaireachta atá feistithe le barr cruinn.

g) Píob dumhaí beaga taos ar an mbileog bácála ullmhaithe, ag fágáil spás eatarthu chun leathnú a cheadú.

h) Bácáil na clúimh uachtar san oigheann réamhthéite ar feadh 20-25 nóiméad nó go dtí go mbíonn siad donn órga agus go bhfuil siad puffed. Bain as an oigheann agus lig dóibh fuarú go hiomlán ar raca sreang.

i) I mbabhla mheascadh, le chéile an caife toirt, siúcra gránaithe, agus uisce te.

j) Ag baint úsáide as measctóir leictreach nó whisk, buail an meascán ar ardluais go dtí go n-éireoidh sé tiubh agus eirgeach. Is é seo do mheascán caife Macchiato. Curtha i leataobh.

k) I mbabhla meascáin eile, buail an t-uachtar trom, an siúcra púdraithe, agus an sliocht fanaile go dtí go gcruthóidh beanna bog.

l) Fill an meascán caife Macchiato go réidh isteach san uachtar buailte go dtí go mbeidh sé comhcheangailte go maith.

m) Líon mála píobaireachta leis an meascán uachtar caife Macchiato.

n) Ag baint úsáide as scian beag nó barr taosráin, déan poll beag ag bun gach puff uachtair.

o) Píob an t-uachtar caife Macchiato a líonadh isteach i ngach puff uachtair tríd an bpoll go dtí go mbeidh siad líonta.

p) Go roghnach, cuir cúpla piorra boba bruite isteach i ngach puff uachtar.

q) Freastal ar na clúimh Uachtar Boba Caife Macchiato láithreach nó cuisnigh go dtí go mbeidh tú réidh le freastal.

## 27.Coirt Macchiato

**COMHÁBHAIR:**
- 12 unsa seacláid bhán, mionghearrtha
- 1 tablespoon gráinníní caife toirt
- ½ cupán pónairí espresso brúite seacláide
- A pinch salainn

**TREORACHA:**
a) Líne bileog bácála le páipéar pár.
b) I mbabhla atá sábháilte ó mhicreathonn, leá an seacláid bhán i gceann tréimhsí 30 soicind, agus corraigh idir eatarthu go dtí go réidh.
c) Corraigh isteach na gráinníní caife toirt agus pinch salainn.
d) Scaip an meascán ar an mbileog bácála ullmhaithe.
e) Sprinkle na pónairí espresso brúite seacláide go cothrom thar barr.
f) Lig dó fuarú agus cuir sa chuisneoir ar feadh thart ar 30 nóiméad.
g) Nuair a bheidh sé socraithe, bris an choirt Macchiato ina phíosaí agus stóráil i gcoimeádán aerdhíonach é.

# 28. Barraí Granola Macchiato

**COMHÁBHAIR:**
- 2 spúnóg caife toirt
- 2 spúnóg siúcra
- 2 spúnóg uisce te
- 2 cupáin coirce rollta
- 1 cupán cnónna mionghearrtha (m.sh., almóinní, gallchnónna)
- ½ cupán mil nó síoróip mhailpe
- ¼ cupán im leáite
- ½ cupán torthaí triomaithe (m.sh., rísíní, cranberries)

**TREORACHA:**

a)  I mbabhla, whisk le chéile caife toirt, siúcra, agus uisce te go dtí go tiubh agus frothy.

b)  Déan an oigheann a théamh go 350°F (175°C) agus líneáil mias bácála le páipéar pár.

c)  I mbabhla mór, cuir le chéile coirce rollta, cnónna mionghearrtha, síoróip mil nó maple, agus im leáite.

d)  Fill go réidh i leath den mheascán Macchiato buailte.

e)  Corraigh na torthaí triomaithe go dtí go comhcheangailte go maith.

f)  Brúigh an meascán isteach sa mhias bácála ullmhaithe agus réidh an barr.

g)  Bácáil ar feadh 20-25 nóiméad nó go dtí go donn órga.

h)  Lig dó fuarú go hiomlán sula ndéantar é a ghearradh i mbarraí.

i)  Stóráil i gcoimeádán aerdhíonach ag teocht an tseomra.

## 29. Fianáin Mocha Almond Macchiato

**COMHÁBHAIR:**
- 1 cupán im unsalted, softened
- 1 cupán siúcra donn, pacáilte
- 2 uibheacha móra
- 2 spúnóg gráinníní caife toirt
- 2 taespúnóg sliocht almond
- 2 ½ cupán plúr uilefheidhme
- ¼ cupán púdar cócó
- 1 teaspoon sóid aráin
- ½ teaspoon salann
- 1 cupán almóinní mionghearrtha
- 1 smután seacláide cupán

**TREORACHA:**

a) Déan do oigheann a théamh go 350°F (175°C) agus líneáil leathán bácála le páipéar pár.

b) I mbabhla meascáin mór, uachtar le chéile an t-im bogtha agus siúcra donn go dtí go bhfuil sé éadrom agus clúmhach.

c) Cuir na huibheacha isteach ceann ag an am, ag meascadh go maith tar éis gach suimiú.

d) Tuaslaig na gráinníní caife meandracha i méid beag uisce te. Cuir an meascán caife seo agus an sliocht almond leis na comhábhair fliuch. Measc go dtí go comhcheangailte go maith.

e) I mbabhla ar leith, cuir an plúr, an púdar cócó, an tsóid bácála agus an salann le chéile.

f) De réir a chéile cuir na comhábhair tirim leis na comhábhair fliuch, ag meascadh go dtí go bhfoirmíonn taos.

g) Corraigh isteach na almóinní mionghearrtha agus na smután seacláide go dtí go bhfuil siad scaipthe go cothrom ar fud an taos.

h) Ag baint úsáide as spúnóg nó scóip fianán, scaoil spúnóg bhoird chothromaithe taos ar an mbileog bácála ullmhaithe, agus iad thart ar 2 orlach óna chéile.

i) Leacaigh gach fianán beagán le cúl spúnóg nó le do mhéara.

j) Bácáil san oigheann réamhthéite ar feadh 10-12 nóiméad nó go dtí go bhfuil na himill socraithe agus go bhfuil na hionaid fós beagán bog. Bí cúramach gan overbake.

k) Bain na fianáin as an oigheann agus lig dóibh fuarú ar an mbileog bácála ar feadh cúpla nóiméad sula n-aistrítear iad chuig raca sreang chun fuarú go hiomlán.

l) Nuair a bheidh tú fuaraithe, bain sult as do chuid fianáin Mocha Almond Macchiato baile le cupán caife nó Macchiato is fearr leat!

## 30. Brownies Macchiato

**COMHÁBHAIR:**
- 1 cupán im gan salann
- 2 chupán siúcra
- 4 uibheacha móra
- 1 teaspoon sliocht vanilla
- 1 cupán plúr uilechuspóireach
- ½ cupán púdar cócó
- ¼ teaspoon salann
- 2 spúnóg caife toirt
- 2 spúnóg uisce te

**TREORACHA:**
a) Preheat an oigheann go 350°F (175°C) agus ramhar mias bácála.
b) I mbabhla micreathonn-sábháilte, leá an t-im.
c) I mbabhla ar leith, whisk le chéile siúcra, uibheacha, agus sliocht fanaile go dtí go comhcheangailte go maith.
d) Cuir an t-im leáite leis an meascán siúcra agus corraigh.
e) I mbabhla eile, cuir plúr, púdar cócó agus salann le chéile.
f) De réir a chéile cuir na comhábhair thirim leis na comhábhair fhliucha, ag corraigh go dtí go mbeidh siad comhcheangailte.
g) I mbabhla beag, whisk le chéile caife toirt agus uisce te go dtí frothy.
h) Fill go réidh an froth caife isteach sa fuidrimh.
i) Doirt an fuidrimh isteach sa mhias bácála ullmhaithe agus scaipeadh go cothrom.
j) Bácáil ar feadh 25-30 nóiméad nó go dtí go dtiocfaidh pióg fiacla a cuireadh isteach sa lár amach le cúpla blúiríní tais.
k) Lig dó fuarú, ansin gearrtha i gcearnóga agus bain sult as donnóga Macchiato!

## 31.Grán rósta Macchiato

**COMHÁBHAIR:**
- ½ kernels grán rósta cupán
- 2 spúnóg ola glasraí
- ¼ cupán siúcra
- 2 spúnóg caife toirt
- 2 spúnóg uisce te

**TREORACHA:**
a) Teas an ola glasraí i bpota mór thar teas meánach.
b) Cuir na kernels grán rósta leis agus clúdaigh an pota le clúdach.
c) Croith an pota ó am go chéile chun a chinntiú go fiú popping.
d) I mbabhla mheascadh, le chéile caife toirt, uisce te, agus siúcra. Whisk go dtí go n-éiríonn sé frothy agus foirmeacha beanna righin.
e) Nuair a bheidh an grán rósta críochnaithe, aistrigh chuig babhla mór é.
f) Ceobhrán an caifé thar an grán rósta agus caith go réidh lena chóta.
g) Lig don rósta fuarú agus an froth caife a shocrú roimh é a sheirbheáil.
h) Bain sult as an grán rósta Macchiato uathúil agus crunchy!

## 32. Macchiato Rís Krispie Treats

**COMHÁBHAIR:**
- 4 cupán arbhair ríse
- 4 cupán leamhacháin mion
- 2 spúnóg bhoird im gan salann
- 2 spúnóg caife toirt
- 2 spúnóg uisce te

**TREORACHA:**
a) Grease mias bácála nó líneáil le páipéar pár é.
b) I sáspan mór, leá an t-im thar teas íseal.
c) Cuir mion-marshmallows leis an im leáite agus corraigh go dtí go bhfuil sé leáite go hiomlán agus mín.
d) I mbabhla beag, whisk le chéile caife toirt agus uisce te go dtí frothy.
e) Fill an froth caife go réidh isteach sa mheascán marshmallow.
f) Bain an sáspan as an teas agus cuir an gránach ríse leis.
g) Corraigh go dtí go bhfuil an gránach brataithe go maith leis an meascán marshmallow.
h) Aistrigh an meascán go dtí an mhias bácála ullmhaithe agus brúigh síos go cothrom é.
i) Lig dó fuarú agus socraigh ar feadh 1 uair ar a laghad.
j) Gearr i gcearnóga nó cruthanna inmhianaithe agus bain sult as na treats Macchiato Rice Krispie!

## 33.Cearnóga Macchiato

**COMHÁBHAIR:**
**AN CHÉAD CHÉILE:**
- 1 cupán Plúr Uilechuspóireach
- ½ cupán Siúcra Milseogra
- ½ cupán ime bogtha
- 3 thaespúnóg Criostail Caife Meandaracha

**AN DARA Sraith:**
- 2 chupán Siúcra Milseogra
- 1 spúnóg bhoird Criostail Caife Meandaracha (tuaslagtha i 2 spúnóg uisce te)
- ½ cupán ime bogtha
- 1 ubh (go héadrom buailte, ag teocht an tseomra)
- ½ cupán Bainne

**Ciseal BARR:**
- 4 unsa Seacláid Bán (4 chearnóg)
- 1 spúnóg bhoird im (tuaslagtha in uisce te chun an uileán a ghríosadh)

**ÉIFEACHT MARBAILTE ROGHNACH:**
- 2 unsa Seacláid Semisweet (2 chearnóg)

**TREORACHA:**
**AN CHÉAD CHÉILE:**
a) Déan do oigheann a théamh go 350°F (175°C).
b) Grease pan císte cearnach 8-orlach le im.
c) I mbabhla mheascadh, le chéile go maith an plúr uile-críche sin, siúcra milseogra, im bogtha, agus criostail caife toirt tuaslagtha in uisce te. Is féidir leat próiseálaí bia nó measctóir leictreach a úsáid chuige seo.
d) Brúigh an meascán seo go cothrom isteach i bun an uileáin greased.
e) Bácáil san oigheann réamhthéite ar feadh 10 nóiméad. Ansin, fuaraigh an chéad chiseal ar raca sreang.

**AN DARA Sraith:**
f) I mbabhla mór, le chéile siúcra an milseogra, 1 spúnóg bhoird de chriostail caife tuaslagtha i 2 spúnóg bhoird d'uisce te, im bogtha, agus an ubh buailte go héadrom ag teocht an tseomra. Is féidir leat próiseálaí bia nó measctóir leictreach a úsáid.
g) I bpota thar teas meánach, scalladh an bainne (teas go dtí go bhfeiceann boilgeoga timpeall na taobhanna, ach níl an bainne fiuchphointe).

h) Cuir an meascán as an mbabhla leis an mbainne scaldáilte agus teas ar feadh 7 nóiméad thar teas meánach. Ar dtús, corraigh go minic, ansin i gcónaí tar éis don mheascán tosú ag boilgeoga. Ísligh an teas beagán má thosaíonn sé ag cloí leis an mbun.

i) Lig don mheascán fuarú beagán, ansin é a dhoirteadh thar an gcéad chiseal fuaraithe. Tilt an uileán chun an bunchiseal a chlúdach go cothrom.

j) Chill i refrigerator ar feadh leathuaire nó go dtí go leagtar.

## TRÍÚ Ciseal:

k) I gcoire dúbailte, cuir na 4 unsa de sheacláid bhán le chéile agus 1 spúnóg bhoird im. Leáigh le chéile iad. Mar mhalairt air sin, is féidir leat iad a leá sa mhicreathonn ar feadh 1-1½ nóiméad ar Ard, ag corraigh mar is gá.

l) Scaip an meascán seacláide bán leáite go cothrom thar an dara sraith fuaraithe ag baint úsáide as spatula nó scian mhaol. Beidh an ciseal seo tanaí go leor.

## ÉIFEACHT MARBAILTE ROGHNACH:

m) Más mian leat éifeacht marmaraithe, leá an 2 unsa de sheacláid leath-mhilis i gcoire dúbailte nó sa mhicreathonn (1-1½ nóiméad ar Ard), corraigh go dtí go réidh.

n) Doirt an seacláid leathmhilis leáite isteach i mála ziplock beag, séalaigh é, agus sní cúinne le siosúr.

o) Squeeze amach línte cothrománacha seacláide leathmhilis ar an ciseal seacláide bán.

p) Bain úsáid as scian mhaol chun an dá sheacláid a chuisle le chéile chun éifeacht marmaraithe a chruthú.

q) Chill go dtí go bhfuil an tríú ciseal leagtha beagnach go hiomlán.

r) Sula mbeidh an tríú sraith socraithe go hiomlán, scóráil an mhilseog isteach i mbarraí chun é a dhéanamh níos éasca. Bain sult as do chearnóga Macchiato homemade!

# 34.Barraí Nanaimo Macchiato

**COMHÁBHAIR:**
**Don Chiseal Bun:**
- ½ cupán im neamhshaillte
- ⅓ cupán púdar cócó neamh-mhilsithe
- ¼ cupán siúcra gráinnithe
- 1 ubh, buailte go héadrom
- 1½ cupán graham cracker blúiríní
- 1 cupán cnó cócó shredded
- ½ cupán gallchnónna, mionghearrtha go mín
- 2 spúnóg bainne

**DON CHÉIM THREOIR (LÍONADH):**
- 3 spúnóg im gan salann
- 2 thaespúnóg púdar espresso toirt (nó gráinníní caife)
- ½ teaspoon vanilla
- 2 chupán siúcra icing (siúcra púdraithe)

**DON CHiseal BARR (TOPPING):**
- 4 unsa seacláide leathmhilis, mionghearrtha go garbh
- 1 spúnóg bhoird im neamhshaillte
- ½ teaspoon púdar espresso toirt

## TREORACHA:
## ULLMHAIGH AN CLÁR BUN:
a) I sáspan trom, cuir an t-im, an cócó, an siúcra gráinnithe, agus an ubh atá buailte go héadrom le chéile. Cook thar teas íseal, corraigh, go dtí go bhfuil an t-im leáite.
b) Bain an sáspan ón teas agus corraigh isteach na blúiríní scáinteoir Graham, an cnó cócó mionghearrtha, na gallchnónna agus an bainne. Measc go dtí go comhcheangailte go maith.
c) Brúigh an meascán seo go cothrom i bpanna císte cearnach greased 9-orlach.
d) Bácáil in oigheann réamhthéite ag 350°F (180°C) ar feadh 10-12 nóiméad nó go dtí go bhfuil an bonn díreach daingean.
e) Lig don bhonn fuarú go hiomlán ar raca sreang.

## ULLMHAIGH AN Ciseal Meánach (LÍONADH):
f) I sáspan beag, teas an bainne, 3 spúnóg im, púdar espresso toirt, agus fanaile os cionn teas íseal go dtí go mbeidh an t-im leáite, agus an púdar espresso tuaslagtha.
g) Aistrigh an meascán seo chuig babhla measctha agus lig dó fuarú.
h) Buail isteach an siúcra icing go dtí go thickens an meascán agus éiríonn mín.
i) Scaip an líonadh seo go cothrom thar an mbonn fuaraithe.
j) Refrigerate ar feadh thart ar 45 nóiméad nó go dtí go bhfuil an líonadh daingean.
k) Ullmhaigh an Chiseal Barr (Bearrtha):
l) I mbarr coire dúbailte os cionn uisce te (ní fiuchphointe), leá an seacláid leathmhilis, 1 spúnóg bhoird im, agus ½ teaspoon púdar espresso toirt le chéile.
m) Nuair a bheidh sé leáite agus mín, leathnaigh an meascán seacláide seo go cothrom thar an gciseal líonadh.

## CÉIMEANNA DEIRIDH:
n) Bain úsáid as scian géar chun an ciseal barr seacláide a scóráil i mbarraí. Déanann sé seo níos éasca é a ghearradh níos déanaí.
o) Refrigerate na barraí go dtí go bhfuil an ciseal barr socraithe.
p) Gearr isteach barraí feadh na línte scóráilte.

## 35.Macchiato le Seacláid Bán

**COMHÁBHAIR:**
**DON SAILL:**
- ⅔ uachtar whipping cupán
- ¼ cupán brewed Café Godiva Special Rósta (teocht an tseomra)
- 5 unsa seacláide bán allmhairithe, mionghearrtha
- ⅛ teaspoon nutmeg talún

**DO NA BROWNIES:**
- 1 ½ bataí (12 spúnóg) im gan salann
- 4 ½ unsa seacláide neamh-mhilsithe, mionghearrtha
- 2 spúnóg brewed Café Godiva Special Rósta (teocht an tseomra)
- ½ teaspoon cainéal talún
- 1 ½ cupán siúcra
- 3 uibheacha móra
- ¾ cupán plúr uilefheidhme
- 3 unsa seacláid bittersweet nó leath-mhilis, mionghearrtha go garbh
- ½ cupán cnónna coill tósta mionghearrtha (craicne bainte)
- gcuacha seacláide bittersweet (le haghaidh garnish)
- Siúcra milseogra (le haghaidh garnish)

**TREORACHA:**
**DON SAILL:**
a) I sáspan beag trom, tabhair an t-uachtar whipping agus Café Godiva Special Roast chun suanbhruith.
b) Cuir an seacláid bhán mionghearrtha leis agus corraigh thar theas íseal go dtí go bhfuil an meascán mín agus go dtosaíonn sé ag tiús.
c) Cuir an nutmeg talún agus corraigh. (Is féidir an anlann a dhéanamh lá amháin roimh ré. Clúdaigh agus fuaraigh. Sula ndéantar é, déan é a aththéamh thar theas íseal go dtí go mbeidh sé leáite.)

**DO NA BROWNIES:**
d) Suí raca sa tríú íochtair den oigheann agus réamhthéite go 350 céim F (175°C).
e) Líne pan bácála cearnach 9-orlach le taobhanna 2-orlach-ard le scragall, ag ligean don scragall a forluí ar na taobhanna. Im agus plúr an scragall.
f) I sáspan meánach trom, corraigh na chéad cheithre chomhábhar le chéile (im, seacláid neamh-mhilsithe, Café Godiva Special
g) Rósta, agus cainéal meilte) os cionn teas íseal go dtí go bhfuil an meascán réidh. Lig dó fuarú beagán.
h) Whisk i 1 ½ cupán siúcra agus na huibheacha.
i) Corraigh an plúr isteach agus ansin an seacláid bittersweet mionghearrtha agus na cnónna coill mionghearrtha.
j) Aistrigh an fuidrimh brownie chuig an bpanna ullmhaithe.
k) Bácáil go dtí go dtiocfaidh tástálaí a cuireadh isteach sa lár amach le blúiríní tais ceangailte, thart ar 30 nóiméad. Lig do na brownies fuarú ar raca. (Is féidir iad a dhéanamh suas go dtí 8 n-uaire roimh ré.)

**CRUTHAIGH NA SEIRBHÍSÍ:**
l) Bain úsáid as na taobhanna scragall mar áis chun an brownie a ardú as an bpanna. Fill síos na taobhanna scragall.
m) Ag baint úsáide as gearrthóir fianán cruinn 3 ¾-orlach, gearr amach 4 bhabhta ón brownie, ag sábháil na blúirí le haghaidh úsáid eile.
n) Cuir babhta brownie amháin ar gach pláta.
o) Clúdaigh gach brownie le gcuacha seacláide.
p) Cuir an t-anlann seacláide te bán timpeall ar na brownies.
q) Sift siúcra milseogra thar gach riar.
r) Bain sult as do Brownies Macchiato indulgent le Anlann Seacláid Bán!

## 36.Árasáin Macchiato

**COMHÁBHAIR:**
- 2 chearnóg seacláide neamh-mhilsithe
- 2 chupán plúr uilechuspóireach
- 1 teaspoon cainéal
- ¼ teaspoon salann
- ½ cupán ghiorrú
- ½ cupán im
- ½ cupán siúcra bán
- ½ cupán siúcra donn pacáilte
- 1 tablespoon criostail caife toirt
- 1 teaspoon uisce
- 1 ubh
- 1 ½ cupán píosaí seacláide leathmhilis
- 3 spúnóg bhoird a ghiorrú

**DON GLÉAS:**
- 1 ½ cupán píosaí seacláide leathmhilis
- 3 spúnóg bhoird a ghiorrú

**TREORACHA:**

a) I sáspan beag trom, teas agus corraigh an seacláid neamh-mhilsithe go dtí go mbeidh sé leáite thar uisce te i gcoire dúbailte. Bain as teas agus lig dó fuarú beagán.

b) I mbabhla ar leith, corraigh an plúr, an cainéal agus an salann le chéile.

c) I mbabhla meascthóir mór, buail an ½ cupán giorraithe agus an t-im le meascthóir leictreach ar mheánluas go dtí go mbeidh an t-im bogtha.

d) Cuir an siúcra bán agus an siúcra donn leis, agus buail go dtí go bhfuil an meascán clúmhach.

e) Tuaslaig na criostail caife toirt san uisce, ansin cuir an meascán caife, seacláid leáite, agus ubh leis an meascán im. Buille go maith.

f) Cuir an meascán plúir leis agus buille go dtí go bhfuil gach rud measctha go maith.

g) Clúdaigh an taos agus fuaraigh é ar feadh thart ar 1 uair an chloig nó go dtí go mbeidh sé éasca é a láimhseáil.

h) Cruth an taos ina dhá rolla 7-orlach. Wrap agus fuaraigh iad ar feadh ar a laghad 6 uair an chloig nó thar oíche.

i) Gearr an taos fuaraithe i slisní ¼-orlach.

j) Cuir na slisní ar leathán fianán neamhleasaithe agus bácáil ag 350°F (175°C) ar feadh 8 nó 9 nóiméad.

k) Bain na fianáin as an oigheann agus iad a aistriú chuig raca sreang chun fuarú.

**DON GLÉAS:**

l) I sáspan beag trom, teas agus corraigh na píosaí seacláide leathmhilis agus 3 spúnóg bhoird de ghiorrú thar teas íseal go dtí go mbeidh siad leáite.

m) Tum leath de gach fianán isteach sa mheascán seacláide.

n) Cuir na fianáin ar pháipéar céirithe go dtí go bhfuil an seacláid socraithe.

o) Bain sult as do Árasáin Macchiato delicious!

## 37. Macchiato le Seacláid Dorcha

**COMHÁBHAIR:**
- 1 cupán im, ag teocht an tseomra
- ½ cupán siúcra mín (oibríonn siúcra biatais go maith)
- ⅛ teaspoon púdar fanaile
- 4 thaespúnóg caife eorna meilte go mín (nó caife toirt)
- 1 ¾ cupán plúr uilefhóinteach
- ¼ cupán púdar saigheadfhréamh (nó do rogha stáirse)
- 150 g seacláid dorcha, leáite

**TREORACHA:**

a) I mbabhla mór, uachtar le chéile an t-im ag teocht an tseomra agus an siúcra mín ar feadh thart ar nóiméad go dtí go comhcheangailte go maith.

b) Buail isteach an caife eorna mínmheilte (nó caife toirt) agus púdar fanaile isteach sa mheascán ime-siúcra.

c) I mbabhla ar leith, scag an plúr uilefheidhmeach agus an púdar saigheadfhréamh (nó an stáirse is fearr leat).

d) Cuir an meascán plúir leis an meascán ime agus cuir le chéile le do lámha. Knead an meascán le chéile go dtí go ndéanann sé taos. Ar dtús, d'fhéadfadh go mbeadh an chuma ar an meascán tirim, ach le cúpla nóiméad de kneading, beidh sé ag teacht le chéile i liathróid taos comhtháite.

e) Múnlaigh an taos ina liathróid, clúdaigh le clúdach plaisteach é, agus cuir sa chuisneoir é ar feadh 1 uair an chloig ar a laghad, nó thar oíche más fearr leat.

f) Déan do oigheann a théamh go 325°F (165°C) agus líneáil bileog bácála le pár.

g) Múnlaigh an taos fuaraithe ina chruthanna pónaire caife, ag baint úsáide as thart ar 2 taespúnóg taos do gach fianán.

h) Ag baint úsáide as cúl scian, brúigh go héadrom fleasc ar feadh barr gach fianán. Bí cúramach gan brú ró-dhomhain, mar scaipfidh na fianáin le linn bácála.

i) Aistrigh na fianáin mhúnlaithe chuig an mbileog bácála ullmhaithe agus bácáil san oigheann réamhthéite ar feadh 15 nóiméad.

j) Bain na fianáin as an oigheann agus sleamhnaigh an páipéar pár le fianáin ar racaí sreinge le fuarú.

k) Cé go bhfionnuar na fianáin, leáigh an seacláid dorcha le coire dúbailte nó micreathonn.

l) Tum foirceann amháin de gach fianán isteach sa seacláid dorcha leáite.

m) Cuir na fianáin seacláide-tumtha ar phlátaí atá líneáilte le páipéar pár agus cuir sa chuisneoir iad go dtí go chruaíonn an seacláid.

n) Nuair a bheidh an tseacláid socraithe, riar agus blaisigh an teaglaim thaitneamhach de shortarán Macchiato-insileadh agus seacláid dorcha saibhir.

## 38.Fianáin Macchiato Seacláid Bán

**COMHÁBHAIR:**
- 1 cupán im unsalted, softened
- 1 cupán siúcra gránaithe
- 2 uibheacha móra
- 2 taespúnóg gráinníní caife toirt
- 2 taespúnóg sliocht fanaile
- 2 ½ cupán plúr uilefheidhme
- ½ cupán púdar cócó
- 1 teaspoon sóid aráin
- ½ teaspoon salann
- 1 cupán sliseanna seacláide bán

**TREORACHA:**

a) Déan do oigheann a théamh go 350°F (175°C) agus líneáil leathán bácála le páipéar pár.
b) I mbabhla meascáin mór, uachtar le chéile an t-im bogtha agus siúcra gráinneach go dtí go bhfuil sé éadrom agus clúmhach.
c) Cuir na huibheacha isteach ceann ag an am, ag meascadh go maith tar éis gach suimiú.
d) Déan na gráinníní caife toirt a dhíscaoileadh i méid beag uisce te. Cuir an meascán caife seo agus an sliocht fanaile leis na comhábhair fhliucha. Measc go dtí go comhcheangailte go maith.
e) I mbabhla ar leith, cuir an plúr, an púdar cócó, an tsóid bácála agus an salann le chéile.
f) De réir a chéile cuir na comhábhair tirim leis na comhábhair fliuch, ag meascadh go dtí go bhfoirmíonn taos.
g) Corraigh na sliseanna seacláide bán go dtí go bhfuil siad scaipthe go cothrom ar fud an taos.
h) Ag baint úsáide as spúnóg nó scóip fianán, scaoil spúnóg bhoird chothromaithe taos ar an mbileog bácála ullmhaithe, agus iad thart ar 2 orlach óna chéile.
i) Leacaigh gach fianán beagán le cúl spúnóg nó le do mhéara.
j) Bácáil san oigheann réamhthéite ar feadh 10-12 nóimead nó go dtí go bhfuil na himill socraithe agus go bhfuil na hionaid fós beagán bog. Bí cúramach gan overbake.
k) Bain na fianáin as an oigheann agus lig dóibh fuarú ar an mbileog bácála ar feadh cúpla nóiméad sula n-aistrítear iad chuig raca sreang chun fuarú go hiomlán.
l) Nuair a bheidh siad fuaraithe, bain sult as na fianáin delicious Macchiato Seacláide Bán seo le cupán caife nó Macchiato!

### 39.Láimhdeachas Macchiato

**COMHÁBHAIR:**
- 1 phacáiste de leatháin taosráin puff (leáite)
- ¼ cupán gráinníní caife toirt
- ¼ cupán uisce te
- ¼ cupán siúcra gráinnithe
- 1 cupán uachtar trom
- ½ sliseanna seacláide cupán
- 1 ubh (do nigh uibheacha)
- Siúcra púdraithe (le haghaidh dhustáil)

**TREORACHA:**
a) Déan do oigheann a théamh go 375°F (190°C) agus líneáil leathán bácála le páipéar pár.
b) Tuaslaig na gráinníní caife toirt in uisce te agus lig dó fuarú.
c) I mbabhla ar leith, fuip an t-uachtar trom agus an siúcra gráinnithe go dtí go gcruthóidh beanna righin.
d) Cuir an meascán caife leis an uachtar buailte agus measc go dtí go mbeidh sé comhcheangailte go maith.
e) Rollaigh amach an taosrán puff agus gearr i gcearnóga nó dronuilleoga é.
f) Cuir spúnóg den uachtar bhuailtí caife agus spréach sceallóga seacláide ar leath de gach cearnóg taosráin.
g) Fill an taosrán thairis agus séalaigh na himill trí bhrú le forc.
h) Scuab na slánúcháin le huibheacha buailte agus bácáil ar feadh thart ar 15-20 nóiméad nó go dtí go donn órga.
i) Dust le siúcra púdraithe roimh ag freastal.

## 40.Macchiato -Pistéise Arán Gearr

**COMHÁBHAIR:**
- Clúdach 1 meascán caife Macchiato (0.77-unsa) ó phacáiste 2.65-unsa
- 1 spúnóg bhoird uisce
- ¾ cupán im nó margairín bogtha
- ½ cupán siúcra púdraithe
- 2 chupán plúr uilechuspóireach
- 1 cnónna pistéise cupán, mionghearrtha
- 1 unsa seacláide leath-mhilis
- 1 teaspoon ghiorrú

**TREORACHA:**
a) Preheat do oigheann go 350 céim Fahrenheit (175 céim Celsius).
b) Tuaslaig an meascán caife Macchiato in uisce i mbabhla meánmhéide.
c) Corraigh an t-im (nó an margairín) bogtha agus an siúcra púdraithe isteach.
d) Cuir an plúr uilefhóinteach agus ½ cupán pistachios mionghearrtha leis an meascán. Is féidir leat do lámha a úsáid más gá iad a mheascadh go dtí go mbíonn taos righin ann.
e) Roinn an taos ina dhá leath.
f) Múnlaigh gach leath ina liathróid agus ansin cuir gach liathróid isteach i mbabhta 6 orlach, timpeall ½ orlach ar tiús, ar dhromchla éadrom plúr.
g) Gearr gach babhta ina 16 dingeacha.
h) Socraigh na dingeacha ar bhileog fianán unreased a bhfuil thart ar ½ orlach de spás eatarthu, agus pointe na foircinn i dtreo an lár.
i) Bácáil ar feadh thart ar 15 nóiméad, nó go dtí go bhfuil an shortbread donn órga.
j) Bain na fianáin as an mbileog fianán láithreach agus lig dóibh fuarú go hiomlán ar racaí sreang.
k) Cuir an ½ cupán pistachios mionghearrtha atá fágtha i mias beag.
l) I mbabhla beag microwavable ar leith, cuir an seacláid leath-mhilis agus giorrú.
m) Nochtadh micreathonn ar mheánchumhacht ar feadh 3 go 4 nóiméad, ag corraigh tar éis 2 nóiméad. Ba chóir go n-éireodh an meascán mín agus go mbeadh comhsheasmhacht drizzling aige.
n) Tum imeall amháin de gach fianán isteach sa seacláid leáite agus ansin isteach sna pistéise mionghearrtha.
o) Cuir na fianáin ar pháipéar céirithe go dtí go mbeidh an seacláid socraithe agus go mbeidh sé daingean.

## 41.Danmhairgis Macchiato

## COMHÁBHAIR:
- 1 leathán taosráin puff (leáite)
- ¼ cupán cáis uachtair
- 2 spúnóg gráinní caife toirt
- 2 spúnóg siúcra púdraithe
- ¼ cupán gallchnónna mionghearrtha (roghnach)
- ¼ sliseanna seacláide cupán
- 1 ubh (do nigh uibheacha)

## TREORACHA:
a) Déan do oigheann a théamh go 375°F (190°C) agus líneáil leathán bácála le páipéar pár.
b) Rollaigh amach an taosrán puff agus gearr i gcearnóga nó dronuilleoga é.
c) I mbabhla beag, measc an cáis uachtair, na gráinní caife toirt, agus an siúcra púdraithe go dtí go mbeidh siad comhcheangailte go maith.
d) Scaip spúnóg den mheascán cáise uachtar caife ar gach píosa taosráin puff.
e) Sprinkle gallchnónna mionghearrtha (má úsáideann) agus sceallóga seacláide ar a bharr.
f) Scuab imill na pastries le ubh buailte.
g) Bácáil ar feadh thart ar 15-20 nóiméad nó go dtí go bhfuil na pastries donn órga.
h) Lig dóibh fuarú beagán roimh do chuid Danishes Macchiato a sheirbheáil.

## 42. Fianáin Macchiato

**COMHÁBHAIR:**
- 2 spúnóg caife toirt
- 2 spúnóg siúcra
- 2 spúnóg uisce te
- ½ cupán im neamhshaillte, bogtha
- ½ cupán siúcra gránaithe
- ½ cupán siúcra donn
- 1 ubh
- 1 teaspoon sliocht vanilla
- 2 chupán plúr uilechuspóireach
- ½ teaspoon púdar bácála
- ½ teaspoon sóid aráin
- ½ teaspoon salann
- 1 sliseanna seacláide cupán

**TREORACHA:**

a) I mbabhla, whisk le chéile caife toirt, siúcra, agus uisce te go dtí go tiubh agus frothy.

b) Déan an oigheann a théamh go 350°F (175°C) agus líneáil bileog bácála le pár.

c) I mbabhla mór, uachtar le chéile an t-im softened, siúcra gránaithe, agus siúcra donn.

d) Buail an ubh agus an sliocht fanaile go dtí go mbeidh siad comhcheangailte go maith.

e) I mbabhla ar leith, cuir an plúr, an púdar bácála, an tsóid bácála agus an salann le chéile.

f) De réir a chéile cuir na comhábhair thirim leis na comhábhair fliuch, ag meascadh go dtí go díreach comhcheangailte.

g) Fill go réidh i leath den mheascán Macchiato buailte.

h) Fill na sliseanna seacláide.

i) Buail spúnóg bhoird chothromaithe taos ar an mbileog bácála ullmhaithe.

j) Bácáil ar feadh 10-12 nóiméad nó go dtí go bhfuil na himill donn órga.

k) Lig do na fianáin fuarú ar an mbileog bácála ar feadh cúpla nóiméad, ansin aistrigh chuig raca sreang chun fuarú go hiomlán.

## 43. Macchiato Phyllo Cups

**COMHÁBHAIR:**
- ½ cupán siúcra milseogra
- ¼ cupán cócó neamh-mhilsithe
- 6 leatháin de thaos phyllo
- Spraeála cócaireachta gan bata
- 1 pionta caife iógart reoite nonfat
- Barraí bhuailtí neamhshaille (roghnach)
- cainéal talún le haghaidh garnish

**TREORACHA:**
a) Preheat do oigheann go 375 céim Fahrenheit (190 céim Celsius).
b) I mbabhla beag, le chéile siúcra an milseogra agus cócó.
c) Leag amach na bileoga phyllo ar do dhromchla oibre. Cruach iad ar bharr a chéile. Gearr an stack ar a fhad ina dhá leath, agus ansin trasna go leath, agus ceithre dhronuilleog phyllo 8" x 6" is fiche mar thoradh air.
d) Spraeáil sé chupán custard 10 n-unsa go héadrom le spraeála cócaireachta neamhmhaide.
e) Cuir dronuilleog phyllo amháin ar do dhromchla oibre agus spraeáil go héadrom é le sprae cócaireachta neamhmhaide.
f) Cuir cuid den mheascán cócó isteach i criathar agus spréigh thar an phyllo é. Déan é a spraeáil go héadrom arís le spraeála cócaireachta neamhmhaide.
g) Déan an próiseas seo arís le trí dhronuilleog phyllo eile, ag cinntiú go gcuirfidh tú gach ceann acu ionas go mbeidh na coirnéil beagán dronuilleogach ó choirnéil na dronuilleoige díreach faoina bhun.
h) Brúigh go réidh an chairn phyllo isteach i ngach cupán custard. Déan an próiseas seo arís leis na dronuilleoga phyllo agus an meascán cócó atá fágtha chun 6 chupán san iomlán a chruthú.
i) Cuir na cupáin custard i bpanna glóthach-rollta chun iad a láimhseáil níos éasca.
j) Bácáil na cupáin phyllo san oigheann réamhthéite ar feadh 8 go 10 nóiméad nó go dtí go mbíonn an phyllo brioscach.
k) Lig do na cupáin phyllo fuarú sna cupáin ar raca sreinge ar feadh thart ar 15 nóiméad. Ansin, bain go cúramach na cupáin phyllo as na cupáin custard.
l) Socraigh na cupáin phyllo ar phlátaí milseog. spúnóg caife iógart reoite nonfat isteach i ngach cupán.
m) Barr gach cupán le dollop de neamhshaille bhuailtí bearrtha más mian.
n) Garnish le sprinkle de thalamh cainéal.
o) Bain sult as do Chornáin Macchiato Phyllo delicious!

## 44.Fianáin mhin choirce Macchiato

**COMHÁBHAIR:**
- 1 cupán im unsalted, softened
- 1 cupán siúcra donn, pacáilte
- 2 uibheacha móra
- 2 spúnóg bhoird púdar espresso toirt
- 1 teaspoon sliocht vanilla
- 1 ½ cupán coirce sean-aimseartha
- 1 ½ cupán plúr uilefheidhme
- ½ teaspoon sóid aráin
- ½ teaspoon salann
- 1 cupán sliseanna seacláide semisweet

**TREORACHA:**

a) Déan do oigheann a théamh go 350°F (175°C) agus líneáil leathán bácála le páipéar pár.

b) I mbabhla meascáin mór, uachtar le chéile an t-im bogtha agus siúcra donn go dtí go bhfuil sé éadrom agus clúmhach.

c) Cuir na huibheacha isteach ceann ag an am, ag meascadh go maith tar éis gach suimiú.

d) Déan an púdar espresso toirt a dhíscaoileadh i méid beag uisce te. Cuir an meascán espresso seo agus an sliocht fanaile leis na comhábhair fhliucha. Measc go dtí go comhcheangailte go maith.

e) I mbabhla ar leith, le chéile na coirce, plúr, sóid aráin, agus salann.

f) De réir a chéile cuir na comhábhair tirim leis na comhábhair fliuch, ag meascadh go dtí go bhfoirmíonn taos.

g) Corraigh na sliseanna seacláide leathmhilis go dtí go bhfuil siad scaipthe go cothrom ar fud an taos.

h) Ag baint úsáide as spúnóg nó scóip fianán, scaoil spúnóg bhoird chothromaithe taos ar an mbileog bácála ullmhaithe, agus iad thart ar 2 orlach óna chéile.

i) Leacaigh gach fianán beagán le cúl spúnóg nó le do mhéara.

j) Bácáil san oigheann réamhthéite ar feadh 10-12 nóiméad nó go dtí go bhfuil na himill socraithe agus go bhfuil na hionaid fós beagán bog. Bí cúramach gan overbake.

k) Bain na fianáin as an oigheann agus lig dóibh fuarú ar an mbileog bácála ar feadh cúpla nóiméad sula n-aistrítear iad chuig raca sreang chun fuarú go hiomlán.

l) Nuair a bheidh siad fuaraithe, bain sult as na Fianáin Mhin-choirce Macchiato seo le cupán te caife nó an Macchiato is fearr leat!

## 45.Fianáin Sliseanna Taifí Seacláide Macchiato

**COMHÁBHAIR:**
- 6 unsa im neamhshaillte, beagán bogtha
- 5 ¼ unsa siúcra gránaithe
- 6 unsa siúcra donn éadrom
- 2 uibheacha móra
- 1 tsp sliocht fanaile
- 11 ¼ unsa plúr uilefhóinteach neamhthuartha
- 1 tsp sóid aráin
- 1 tsp salann
- ⅛ tsp púdar espresso
- ¼ tsp cainéal talún
- 7 unsa smután seacláide searbh
- 7 unsa sceallóga Macchiato
- 3 ounces giotán taifí

**TREORACHA:**
a) Preheat do oigheann go 350 céim F (175 céim C).
b) I mbabhla meascthóir seastáin, ag baint úsáide as an gceangal paddle, measc an t-im beagán bogtha, siúcra gráinneach, agus siúcra donn éadrom ar luas meánach ar feadh thart ar dhá nóiméad go dtí go bhfuil an meascán uachtar agus comhcheangailte go maith.
c) Cuir na huibheacha leis, ceann ag an am, agus buail gach uair go dtí go mbeidh siad ionchorpraithe go hiomlán.
d) Corraigh an sliocht fanaile isteach agus buail go dtí go mbeidh an meascán cumasc go maith.
e) I mbabhla meánmhéide ar leith, cuir an plúr uilechuspóra neamhthuartha, an tsóid bácála, an salann, an púdar espresso, agus an cainéal meilte le chéile.
f) De réir a chéile cuir na comhábhair thirim leis an meascán im agus siúcra. Measc ar dtús le spatula agus ansin aistrigh chuig an gceangal paddle, ag meascadh go dtí go bhfuil na comhábhair tirim ionchorprú isteach sa taos.
g) Fill go réidh na smután seacláide searbh, sceallóga Macchiato, agus píosaí taifí go dtí go bhfuil siad scaipthe go cothrom ar fud an taos.
h) Líne do bhileoga bácála le páipéar pár. Ag baint úsáide as spúnóg bhoird nó spúnóg bhoird rialta, scaoil an taos fianán ina thulacha ar na bileoga bácála, agus iad thart ar dhá orlach óna chéile.
i) Bácáil na fianáin bileog amháin ag an am san oigheann réamhthéite ar feadh thart ar 12 nóiméad, nó go dtí go bhfuil na himill éadrom órga. Ba chóir go mbeadh na hionaid fós beagán bog.
j) Bain na fianáin as an oigheann agus lig dóibh fuarú ar raca sreang.
k) Nuair a fhuaraítear iad, tá na Fianáin Sliseanna Taifí Seacláide Macchiato seo réidh le taitneamh a bhaint astu. Is meascán aoibhinn seacláide, Macchiato, agus taifí iad i ngach greim!

# 46.Seolta Shortbread Macchiato

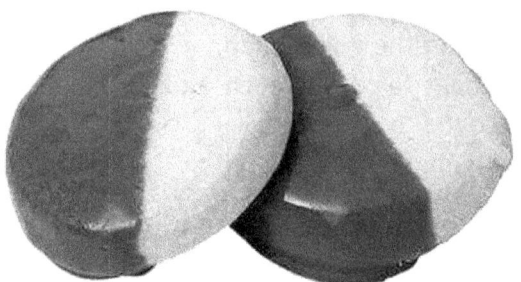

## COMHÁBHAIR:
### DO NA fianáin:
- 2 spúnóg púdar caife toirt
- 1¾ cupán plúr uilefhóinteach
- 2 spúnóg bhoird plúr uile-críche
- ⅛ teaspoon púdar bácála
- ¾ teaspoon salann
- 6 spúnóg siúcra
- 3 spúnóg siúcra donn éadrom
- 1 teaspoon cainéal talún
- 1 cupán im unsalted, fuar, gearrtha i ciúbanna 1-orlach
- 1 tablespoon caife láidir brewed
- ¼ teaspoon sliocht vanilla

### DON GLÉAS:
- 7 unsa seacláide searbh
- 1½ cupán almóinní tósta, gearrtha go mín

## TREORACHA:
### DO NA fianáin:
a) Cuir an caife meandrach, an plúr uilechuspóra, an púdar bácála, an salann, an dá shiúcra agus an cainéal meilte i bpróiseálaí bia agus déan próiseáil ar feadh 5 soicind.

b) Dáil na ciúbanna im fuar thar an meascán plúir sa phróiseálaí bia, agus próiseáil go dtí go mbeidh an meascán cosúil le béile garbh, thart ar 10 soicind.

c) Agus an próiseálaí bia ar siúl, doirt an caife brewed agus sliocht vanilla tríd an fheadán beatha. Próiseáil díreach go dtí go dtiocfaidh an meascán le chéile, thart ar 45 soicind. Stop an meaisín uair amháin le linn an mheascadh chun an babhla a scrapeadh le spatula rubair.

d) Cuir an taos idir dhá phíosa fillte plaisteacha agus rollaigh amach é chun cearnóg 10 n-orlach a dhéanamh atá ⅜ orlach tiubh. Sleamhnaigh an chearnóg seo ar bhileog bácála agus cuisnigh é ar feadh 45 nóiméad.

e) Preheat do oigheann go 300 céim Fahrenheit (150 céim Celsius). Líne roinnt bileoga bácála le páipéar pár nó ramhar go héadrom iad le hola glasraí.

f) Gearr an taos fuaraithe ina 25 cearnóga, agus ansin gearr gach cearnóg ina leath trasnánach chun triantáin a dhéanamh.

g) Ag baint úsáide as spatula, aistrigh na triantáin go cúramach chuig na bileoga bácála ullmhaithe, ag fágáil thart ar 1-½ orlach idir gach fianán.

h) Bácáil na fianáin go dtí go bhfuil siad éadrom órga agus daingean faoi do lámh, thart ar 25 go 30 nóiméad. Nuair a bheidh siad bácáilte, aistrigh na fianáin chuig raca chun fuarú.

**DON GLÉAS:**

i) Leáigh an seacláid bittersweet i barr coire dúbailte a chuirtear os cionn uisce suanbhruith.

j) Cuir na almóinní mionghearrtha i mbabhla beag.

k) Nuair a bheidh na fianáin fuaraithe, tumtar bonn gach triantáin thart ar ¾ orlach ar doimhne isteach sa seacláid leáite agus ansin isteach sna almóinní mionghearrtha.

l) Socraigh na fianáin ar leataobh ar pháipéar pár, páipéar céirithe, nó scragall alúmanaim, agus lig dóibh a shocrú ar feadh roinnt uaireanta. Is féidir leat an próiseas socraithe a bhrostú trí na fianáin a chur sa chuisneoir.

m) Má tá sé ar intinn agat taitneamh a bhaint as na fianáin ar an gcéad lá, is féidir leat iad a chur ar phláta nó iad a fhágáil ar an mbileog bácála. Tar éis sin, ciseal na fianáin i gcoimeádán aerdhíonach, ag baint úsáide as wrap plaisteach, pár, nó páipéar céirithe idir na sraitheanna, agus stóráil an coimeádán sa reoiteoir ar feadh suas le 2 sheachtain.

n) Tabhair na fianáin chuig teocht an tseomra sula ndéantar iad a sheirbheáil.

# MAISEANNA

## 47. Macchiato Eclairs

**COMHÁBHAIR:**
- 1 bhaisc de shliogáin taosráin eclair atá déanta sa bhaile nó sa siopa
- 1 cupán uachtar trom
- 2 spúnóg gráinníní caife toirt
- ¼ cupán siúcra púdraithe
- ½ teaspoon sliocht vanilla
- ¼ cupán púdar cócó (do dhustáil)

**TREORACHA:**
a) Ullmhaigh na sliogáin taosráin eclair de réir an t-oideas nó na treoracha pacáiste agus lig dóibh fuarú.
b) I mbabhla beag, déan na gráinníní caife toirt a dhíscaoileadh i cúpla spúnóg bhoird d'uisce te. Lig dó fuarú.
c) I mbabhla ar leith, fuip an t-uachtar trom, an siúcra púdraithe, agus an sliocht fanaile go dtí go gcruthóidh beanna righin.
d) Fill an meascán caife go réidh isteach san uachtar bhuailtí.
e) Gearr gach sliogán eclair ina dhá leath go cothrománach agus líon isteach leis an uachtar bhuailtí ar a bhfuil blas an chaife.
f) Déan bairr na n-eclairs a dhustáil le púdar cócó.
g) Freastal agus taitneamh a bhaint as do chuid eclairs Macchiato baile!

## 48.Corráin Carmel Macchiato

**COMHÁBHAIR:**
- 1 can (8 unsa) Rollaí Corráin cuisnithe (8 Comhaireamh)
- 16 caramal, neamhfhillte
- 1 tub (16 unsa) Frosting Seacláide
- 1 spúnóg caife

**TREORACHA:**
a) Unwrap 16 caramal, ansin iad a ghearradh ina dhá leath. Líne deireadh leathan gach corráin le ceithre cinn de na slisní beaga caramal seo.
b) Rollaigh an taos go docht timpeall an caramal, ansin bácáil de réir na dtreoracha pacáiste.
c) Le haghaidh an icing, le chéile 1/2 cupán sioc seacláide le 1 tablespoon caife. Déan é a théamh sa mhicreathonn ar feadh 10-20 soicind, ansin cuir spúnóg isteach i mála zip-barr agus Ceobhrán thar an gcorrán te.

## 49. Carmel Macchiato Mousse

**COMHÁBHAIR:**
- 1 cupán uachtar trom
- 2 spúnóg siúcra púdraithe
- 2 spúnóg bhoird anlann caramal
- 2 spúnóg gráinníní caife toirt
- ½ teaspoon sliocht vanilla
- Uachtar bhuailtí agus ceobhrán caramal le haghaidh garnish (roghnach)

**TREORACHA:**
a) I mbabhla meascáin, fuip an t-uachtar trom, an siúcra púdraithe, anlann caramal, an caife toirt, agus an sliocht fanaile go dtí go gcruthóidh beanna bog.
b) Roinn an meascán mousse i spéaclaí nó i mbabhlaí riar.
c) Refrigerate ar feadh ar a laghad 2 uair an chloig chun ligean don mousse a shocrú.
d) Sula ndéanann tú é, déan garnish le dollop de uachtar bhuailtí agus drizzle anlann caramal, más mian leat.

## 50.Carmel Macchiato Trifle

## COMHÁBHAIR:

Don Chíste:
- 1 ¼ cupán plúr uilechríche
- 3 spúnóg bhoird cornstarch
- 1 ½ taespúnóg púdar bácála
- ¼ teaspoon salann
- ½ cupán im neamhshaillte, bogtha
- 1 cupán siúcra gránaithe
- 2 uibheacha
- ½ cupán Delights Idirnáisiúnta Caife Iced Carmel Macchiato
- 1 teaspoon sliocht vanilla

Don Sauce:
- ½ cupán bainne comhdhlúite milsithe
- ½ cupán anlann caramal
- ½ cupán Delights Idirnáisiúnta Caife Iced Carmel Macchiato

Don Barra:
- 3-4 cupán uachtar bhuailtí nó Aoire Fuar (1 tub, leáite)
- Anlann caramal
- 4 prócaí saoirseachta dhá chupán
- Garnish roghnach: pónairí espresso clúdaithe le seacláid

## TREORACHA:

Don Chíste:
a) Déan do oigheann a réamhthéamh go 400 céim F. Greáil mias bácála 9-orlach agus 9-orlach le spraeála cócaireachta neamh-bata agus cuir ar leataobh é.
b) I mbabhla meascáin mheán, cuir an plúr, an cornstarch, an púdar bácála agus an salann le chéile.
c) I mbabhla meascáin mór, uachtar le chéile an t-im bogtha agus siúcra gráinneach go dtí go n-éiríonn an meascán éadrom agus clúmhach, ba chóir go dtógfadh sé thart ar 2 nóiméad.
d) De réir a chéile cuir na huibheacha ceann ag an am, ag déanamh cinnte a mheascadh tar éis gach breise. Doirt isteach an Idirnáisiúnta Delights Caife Iced Carmel Macchiato agus sliocht vanilla, ansin mheascadh go dtí go bhfuil an fuidrimh comhcheangailte go maith agus go réidh. Bí cinnte go scríobfaidh tú síos taobhanna an bhabhla meascáin de réir mar is gá.

e) Cuir na comhábhair thirim leis na comhábhair fhliucha agus measc iad le chéile go dtí go mbeidh siad comhcheangailte.
f) Doirt an fuidrimh císte isteach sa mhias bácála ullmhaithe.
g) Bácáil ar feadh 30 go 35 nóiméad nó go dtí go dtarraingíonn imill an chíste amach as an mhias, agus go dtiocfaidh toothpick a cuireadh isteach sa lár amach glan.
h) Aistrigh an císte go cúramach ón oigheann chuig raca fuaraithe sreinge. Lig dó fuarú agus tú ag ullmhú an anlann.

Don Sauce:
i) I mbabhla meascáin mheán, cuir an bainne comhdhlúite milsithe, an t-anlann caramal, agus Carmel Macchiato Iced Coffee Delights le chéile go dtí go mbeidh an meascán comhcheangailte go maith.
j) Bain úsáid as hanla spúnóg adhmaid chun poill a bhualadh ar fud an chíste. Doirt an anlann go cothrom thar bharr an chíste agus lig dó sáithiú isteach go dtí go bhfuaraíonn an císte go teocht an tseomra.

Tionól:
k) Gearr an císte fuaraithe i bpíosaí beaga.
l) Cuir sraith de chíste i ngach próca cloicheán. Cuir 1/3 cupán uachtar bhuailtí thar an gcíste i ngach próca. Barr an uachtar bhuailtí le sraith eile de císte. Spúnóg beagán níos mó uachtar bhuailtí thar an císte.
m) Bain úsáid as spúnóg chun anlann caramal a cheansú thar barr gach trifle. Más mian leat, cuir cúpla pónairí espresso atá clúdaithe le seacláid sa lár.
n) Clúdaigh na trifles agus stóráil sa chuisneoir iad go dtí go bhfuil tú réidh le freastal. Bain taitneamh as!

# 51. Macchiato Mousse

**COMHÁBHAIR:**
- 1 unsa cearnóga seacláide leathmhilis
- 2 buíocáin uibhe
- ½ cupán siúcra
- 1 teaspoon cainéal
- 1 pacáiste geilitín gan blas
- 4 unsa espresso brewed te (nó caife te)
- 2 spúnóg bhoird Kahlua
- 2 chupán uachtar whipping
- 2 spúnóg siúcra
- 2 gealacán uibhe
- Cainéil le haghaidh garnish

**TREORACHA:**

a) Leáigh an seacláid leathmhilis i gcoire dúbailte.

b) I mbabhla ar leith, le chéile na buíocáin uibhe, ½ cupán siúcra, agus cainéal. Buille go dtí go n-éiríonn an meascán frothy agus go haonfhoirmeach daite, agus ba cheart go dtógfadh sé seo thart ar 2 nóiméad.

c) Tuaslaig an geilitín san espresso te brewed (nó caife) agus Kahlua. Cuir an meascán seo leis an meascán uibheacha seacláide agus lean ar aghaidh ag buille ar feadh nóiméid eile. Bain as teas agus lig dó fuarú.

d) I mbabhla eile, fuip an uachtar whipping le 2 spúnóg bhoird siúcra go dtí go gcruthóidh sé beanna bog. Coimeád ¼ den uachtar buailte le haghaidh garnish, agus fillte an ¾ atá fágtha isteach sa mheascán uibheacha seacláide.

e) Buail na whites ubh go dtí go n-éiríonn siad daingean, ansin iad a fhilleadh go réidh isteach sa mheascán mousse.

f) Refrigerate an mousse ar feadh 3-4 uair an chloig chun ligean dó a shocrú.

g) Sula ndéanann tú é, déan garnish ar gach ceann le dollop den uachtar buailte forchoimeádta agus sprinkle cainéal.

h) Bain sult as do mousse Macchiato aoibhinn!

## 52.Císte Bosca Oighir Carmel Macchiato sraitheach

**COMHÁBHAIR:**
- 2 1/2 cupán Próitéin coirce 'n granola mil, roinnte
- 1/4 cupán im leáite
- 1 punt bhuailtí bearrtha
- 2 taespúnóg púdar espresso toirt
- 1/3 cupán anlann caramal, roinnte
- 1 spúnóg bhoird síoróip seacláide

**TREORACHA:**

a) Cuir 2 chupán granola isteach i cumascóir nó i bpróiseálaí bia agus déan próiseáil go dtí go mbeidh blúiríní mín agat. Corraigh isteach an t-im leáite chun cóta.

b) Brúigh na blúiríní granola isteach i mias bácála 9x9-orlach agus bácáil in oigheann 350°F ar feadh 10 nóiméad. Lig dó fuarú go hiomlán.

c) Idir an dá linn, corraigh an bearrtha buailte agus an púdar espresso le chéile.

d) Scaip leath den bharráil bhuailtí thar an screamh granola agus barr é le 1/4 cupán anlann caramal. Sprinkle an granola atá fágtha ar a bharr.

e) Cuir an chuid eile den bhearradh buailte leis. Ceobhrán an anlann caramal atá fágtha agus síoróip seacláide.

f) Refrigerate ar a laghad 4 uair an chloig roimh ghearradh agus ag freastal.

## 53.Fianáin Carmel Macchiato

**COMHÁBHAIR:**
- 2 taespúnóg espresso toirt nó púdar caife
- 1 tablespoon uisce te

**SIÚICRE COOKIE MIX**
- 1/4 cupán plúr uilechuspóireach
- 1/2 cupán im, leáite
- 2 taespúnóg sliocht fanaile
- 1 ubh
- 18 cearnóga caramal, neamhfhillte
- 2 spúnóg bainne
- 1/2 cupán sliseanna seacláide leath-milis

**TREORACHA:**

a) Preheat an oigheann go 375 céim.
b) I mbabhla mór, déan an púdar caife a dhíscaoileadh in uisce te.
c) Corraigh an meascán fianán, plúr, im leáite, fanaile, agus ubh go dtí go bhfoirmíonn taos bog.
d) Cruth an taos i liathróidí 1 1/2-orlach. Bain úsáid as d'ordóg nó as spúnóg chun fleasc a dhéanamh i lár gach fianán. Bácáil ar feadh 8-10 nóiméad.
e) I mbabhla beag micreathonn-sábháilte, caramal micreathonn agus bainne go dtí go bhfuil na caramals leáigh.
f) Spúnóg 1/2 teaspoon caramal isteach i ngach fianán. Lig dóibh fuarú ar feadh 15 nóiméad.
g) Sliseanna seacláide micreathoinne go dtí go bhfuil siad leáite, ansin Ceobhrán thar na fianáin.

# 54. Cupcakes Carmel Macchiato

**COMHÁBHAIR:**
**DO na cupcakes caife:**
- 2 tsp gráinníní caife toirt
- 2 tsp uisce te
- 100 g im bog
- 100 g siúcra caster
- 2 uibheacha meánmhéide
- 100 g plúr féin-ardú
- ½ tsp púdar bácála

**EXTRAS:**
- 8 cás cupcake

**DON Uachtair Vanilla:**
- 120 ml uachtar whipping
- ½ tsp sliocht fanaile

**DO AN SAILL CARAMEL:**
- 100 g siúcra gráinneach
- 30 g im
- 60 ml uachtar singil (nó 30 ml uachtar dúbailte agus 30 ml bainne lán-saille)

**TREORACHA:**
**AG DÉANAMH NA gCÚPAÍ Caife:**

a) Déan an oigheann a théamh go lucht leanúna 180ºC/160ºC. Cuir na cásanna cupcake isteach i stán muifín.

b) I mbabhla mór, déan 2 chupa de ghráinní caife meandracha a thuaslagadh in 2 chuas d'uisce te.

c) Cuir im softened, siúcra caster, uibheacha, plúr féin-ardú, agus púdar bácála chuig an mbabhla. Buille go dtí go mbeidh sé comhcheangailte go hiomlán.

d) Dáil an meascán císte go cothrom sna 8 cás cupcake (thart ar 50g i ngach cás).

e) Bácáil san oigheann ar feadh 18 nóiméad. Seiceáil le haghaidh doneness le skewer - má thagann sé amach glan, tá siad déanta. Mura bhfuil, bácáil ar feadh cúpla nóiméad eile.

f) Bain na cupcakes as an stáin agus lig dóibh fuarú ar raca sreang.

**AN SAILL CARAMAL A DHÉANAMH:**

g) Tomhais na comhábhair anlann caramal go léir i mbabhlaí ar leith (siúcra gránaithe, im, agus uachtar aonair). Gearr an t-im i gciúbanna beaga.

h) I sáspan, scaipeadh an siúcra go cothrom ar fud an íochtair agus é a théamh ar theas meánach. Bog an siúcra timpeall go réidh le spatula go dtí go mbeidh sé leáite go hiomlán.
i) Lean ort ag corraigh go réidh go dtí go n-iompaíonn an siúcra dath donn éadrom.
j) Cuir an t-im go cúramach chomh luath agus a bhíonn an caramal donn éadrom agus guairneáil go tapa go dtí go mbeidh an t-im leáite agus comhcheangailte go hiomlán. Bí cúramach, mar d'fhéadfadh an t-anlann boilgeoga agus spalpadh nuair a chuireann tú an t-im agus an t-uachtar leis.
k) Múch an teas agus cuir an uachtar, whisking go tapa go dtí go chéile. Má tá aon chriostail bheaga siúcra ann, brú an anlann trí chriathar chun iad a bhaint.
l) Aistrigh an anlann chuig babhla nó crúiscín agus cuir sa chuisneoir le fuarú.

**A DHÉANAMH AR AN CREAM Vanilla:**

m) Buail an t-uachtar whipping agus an sliocht fanaile i mbabhla go dtí go n-éiríonn an t-uachtar righin, ag fágáil rian soiléir leis an bhfeadóg.

**NA CÚPAÍ A CHUR CHUN CINN:**

n) Bain úsáid as scian géar chun ciorcal a ghearradh i mbarr gach cáca cupáin agus cuir amach an t-ionad go cúramach le teaspoon.
o) Cuir 1 teaspoon anlann caramal isteach i lár gach cupcake.
p) Barr gach cupcake leis an uachtar bhuailtí.
q) Ceobhrán an anlann caramal atá fágtha thar barr gach cupcake.

## 55.Léaráidí Carmel Macchiato

**COMHÁBHAIR:**
- 2 taespúnóg púdar caife espresso toirt nó gráinníní
- 1 tablespoon uisce te
- 1 pouch meascán fianán siúcra
- 1/4 cupán plúr uilechuspóireach
- 1/2 cupán im leáite nó margairín
- 2 taespúnóg sliocht fanaile
- 1 ubh
- 18 caramal neamhfhillte
- 2 spúnóg bainne
- 1/2 cupán sliseanna seacláide semisweet
- 1 teaspoon ghiorrú

**TREORACHA:**
a) Déan do oigheann a théamh go 375°F. I mbabhla mór, déan an púdar caife a dhíscaoileadh in uisce te. Corraigh an meascán fianán, plúr, im leáite, fanaile, agus ubh go dtí go bhfoirmíonn taos an-bhog.
b) Cruth an taos i liathróidí 1 1/2-orlach. Cuir na liathróidí 2 orlach óna chéile ar leatháin bácála neamhleasaithe. Bain úsáid as d'ordóg nó as hanla spúnóg adhmaid chun eangú a dhéanamh i lár gach fianán.
c) Bácáil ar feadh 8 go 10 nóiméad nó go dtí go bhfuil na himill donn éadrom órga. Lig dóibh fuarú ar feadh 2 nóiméad, ansin iad a bhaint as na bileoga bácála agus iad a chur ar racaí fuaraithe.
d) I mbabhla beag micreathonnta, micreathonn na caramaill agus an bainne a thángthas ar Ard ar feadh 1 go 1 nóiméad agus 30 soicind, ag corraigh uair amháin, go dtí go mbeidh na caramaill leáite. Spúnóg 1/2 teaspoon caramal isteach sa eangú i ngach fianán. Lig dóibh fuarú ar feadh 15 nóiméad.
e) I mbabhla beag microwavable eile, MICREATHONNACH na sliseanna seacláide agus a ghiorrú thángthas ar Ard ar feadh 1 go 1 nóiméad agus 30 soicind, nó go dtí gur féidir na sliseanna a corraigh go dtí go réidh. Ceobhrán an tseacláid leáite thar na fianáin. Lig dóibh seasamh ar feadh thart ar 30 nóiméad nó go dtí go leagann an seacláid. Bain taitneamh as!

# 56.Cácaí Croí Seacláide Macchiato

**COMHÁBHAIR:**
- 1 ¼ cupán plúr císte
- ½ cupán púdar cócó neamh-mhilsithe
- 1 teaspoon sóid aráin
- ½ teaspoon salann
- ¼ teaspoon púdar bácála
- ½ cupán + 2 spúnóg bhoird im gan salann, bog
- 1 ½ cupán siúcra gráinneach
- 3 uibheacha móra
- ½ cupán bláthach
- ½ cupán caife neart dúbailte nó espresso
- 2 taespúnóg sliocht fanaile íon
- ½ teaspoon púdar espresso toirt
- 1 spúnóg bhoird siúcra milseogra
- 2 unsa seacláide semisweet, leáite
- 2 unsa seacláide bán, leáite ar leithligh
- Sútha craobh úra le haghaidh garnish

**TREORACHA:**

a) Teas do oigheann go 375 céim Fahrenheit (190 céim Celsius). Im pan císte cearnach 9-orlach, líne an bun le páipéar pár agus im an páipéar.

b) I mbabhla ar leith, sift le chéile an plúr císte, púdar cócó, sóid aráin, salann, agus púdar bácála. Socraigh an meascán tirim seo ar leataobh.

c) I mbabhla mór de mheascóir leictreach, buail an t-im bogtha agus an siúcra gráinnithe go dtí go mbeidh sé éadrom agus clúmhach.

d) Buail isteach na huibheacha, ceann i ndiaidh a chéile, ag cinntiú go mbuaileann tú go maith tar éis gach suimiú.

e) I gcoimeádán ar leith, measc an bláthach, caife, agus fanaile.

f) Mar mhalairt air sin cuir an meascán bláthach-caife agus an meascán plúir leis an fuidrimh. Tosaigh agus críochnaigh leis an meascán plúir.

g) Aistrigh an fuidrimh chuig an uile císte ullmhaithe.

h) Bácáil go dtí go n-éiríonn an barr ar ais nuair a bhíonn sé i dteagmháil léi go héadrom, thart ar 35 go 40 nóiméad.

i) Lig don chíste fuarú ar raca sreinge ar feadh 10 nóiméad. Ansin, cas amach as an bpanna é ar raca sreang agus lig dó fuarú go hiomlán. Bain amach an páipéar pár.

j) Ag baint úsáide as gearrthóir fianán croí-chruthach 2 ½ orlach, gearr cruthanna croí ón gcíste.

k) Corraigh an púdar espresso toirt agus an siúcra milseogra le chéile, ansin sift an meascán seo thar na cácaí croí-chruthach.

l) Aistrigh na cácaí chuig plátaí freastail aonair.

m) Tum stáin an fhorc isteach sa tseacláid leath-mhilis leáite agus é a cheobhrán thar na croíthe. Déan an chéim seo arís leis an seacláid bhán leáite.

n) Garnish na cácaí le sútha craobh úr.

o) Bain sult as do Cácaí Croí Seacláid Macchiato delicious!

# 57.Fianáin Macchiato Stuffed Carmel

**COMHÁBHAIR:**
- 1 pouch meascán fianán siúcra
- 1/4 cupán plúr uilechuspóireach
- 2 taespúnóg sliocht fanaile
- 1 ubh
- 1/2 cupán im leáite
- 3 taespúnóg púdar espresso toirt
- 1 tablespoon uisce te
- 1 mála sceallóga seacláide (leath-mhilis nó dorcha)
- 14 unsa mála caramal

**TREORACHA:**
a) Déan do oigheann a théamh go 375°F.
b) I mbabhla mheascadh, cuir uisce te agus púdar espresso. Ba chóir an púdar a thuaslagadh ar an bpointe boise.
c) Cuir an meascán fianán, plúr, fanaile, ubh, agus im leáite, agus measc go dtí go bhfuil gach rud comhcheangailte go maith.
d) Cuir na sliseanna seacláide leis agus corraigh de láimh go dtí go bhfuil siad scaipthe go cothrom.
e) Unwrap na caramals agus iad a ghearradh ina dhá leath.
f) Cruth an taos fianán i liathróidí 1-orlach, le píosa caramal amháin nó dhó a chur i lár gach liathróid taos.
g) Cuir na liathróidí taos isteach sa reoiteoir ar feadh 5 nóiméad.
h) Bácáil ar feadh 10-12 nóiméad agus lig dóibh fuarú ar feadh 2 nóiméad. Ansin, aistrigh iad chuig racaí fuaraithe agus lig dóibh fuarú go hiomlán.
i) Bain sult as do chuid fianáin sliseanna seacláide Macchiato Stuffed Carmel!

## 58.Ceapairí Uachtar Reoite Carmel Macchiato

**COMHÁBHAIR:**
- 1 ½ cupán plúr uilefheidhme
- ½ teaspoon sóid aráin
- ¼ teaspoon salann
- ½ cupán im neamhshaillte, bogtha
- ½ cupán siúcra gránaithe
- ½ cupán siúcra donn pacáilte
- 1 ubh mhór
- 1 teaspoon sliocht vanilla
- 2 spúnóg gráinníní caife toirt
- ½ cupán anlann caramal
- 1-pionta caife nó uachtar reoite caramal

**TREORACHA:**
a) Déan do oigheann a théamh go 375°F (190°C) agus líneáil leathán bácála le páipéar pár.
b) I mbabhla, cuir an plúr, an tsóid bácála agus an salann le chéile.
c) I mbabhla meascáin ar leith, uachtar le chéile an t-im softened, siúcra gránaithe, agus siúcra donn go dtí éadrom agus clúmhach. Cuir an ubh agus an sliocht fanaile leis agus measc go dtí go mbeidh siad comhcheangailte go maith.
d) Tuaslaig na gráinníní caife meandracha i 2 spúnóg bhoird d'uisce te. Cuir an meascán caife leis an meascán ime agus measc go dtí go bhfuil sé ionchorpraithe go cothrom.
e) De réir a chéile cuir na comhábhair thirim leis an meascán ime agus measc go dtí go mbeidh tú comhcheangailte.
f) Buail spúnóg bhoird chothromú taos ar an mbileog bácála ullmhaithe, agus iad thart ar 2 orlach óna chéile. Leacaigh gach liathróid taos beagán le pailme do láimhe.
g) Bácáil ar feadh 10-12 nóiméad nó go dtí go bhfuil na himill socraithe. Lig do na fianáin fuarú go hiomlán.
h) Glac scoop caife nó uachtar reoite caramal agus ceobhrán anlann caramal ar a bharr. Sandwich é idir dhá fhianán.
i) Cuir na ceapairí uachtar reoite sa reoiteoir ar feadh 1 uair an chloig ar a laghad chun iad a dhaingniú sula ndéantar freastal orthu.

# 59. Carmel Macchiato Gelato

**COMHÁBHAIR:**
- Is féidir le 1 (14-unsa) Bainne Comhdhlúite Milsithe
- 2 ½ cupán uachtar whipping trom
- 2 spúnóg bhoird púdar espresso toirt tuaslagtha i ¼ cupán fiuchphointe uisce
- ⅓ licéar caife cupán
- 1 teaspoon sliocht vanilla
- ¼ cupán síoróip caramal (m.sh., síoróip caramal Starbucks)

**TREORACHA:**

a) Cuir do bhabhla meascáin, buailteoirí, agus an t-uachtar trom isteach sa reoiteoir. Lig dóibh fuarú ar feadh 20 nóiméad ar a laghad.

b) I mbabhla meánach, corraigh an bainne comhdhlúite milsithe, an espresso, an licéar caife agus an fanaile le chéile. Measc go maith agus cuir ar leataobh.

c) Bain an babhla fuaraithe, buailteoirí, agus uachtar whipping as an reoiteoir. Doirt an 2½ cupán d'uachtar whipping isteach sa bhabhla fuaraithe agus tosaigh ag bualadh an uachtar ar luas íseal. Méadú ar an luas de réir a chéile go dtí go sroicheann tú ardluais. Buail an t-uachtar go dtí go dtosaíonn sé ag coinneáil a chruth nuair a ardaíonn tú na buailteoirí, rud a thógann thart ar 5 nóiméad. Bí cúramach gan overbeat an uachtar, nó beidh sé seal i im.

d) Doirt an meascán milsithe bainne comhdhlúite isteach san uachtar bhuailtí. Fill an meascán bainne comhdhlúite go réidh isteach san uachtar buailte ag baint úsáide as spatula go dtí go mbeidh sé measctha go hiomlán.

e) Clúdaigh an babhla agus cuir sa reoiteoir é ar feadh 45 nóiméad.

f) Bain an babhla as an reoiteoir agus measc an gelato ar feadh 1 nóiméad. Doirt an gelato isteach i gcoimeádán le clúdach daingean.

g) Doirt an síoróip caramal ar bharr an gelato. Ag baint úsáide as scian, swirl an caramal isteach sa gelato gan é a mheascadh go hiomlán. Ba mhaith leat a fheiceáil ar an swirls caramal.

h) Reo an gelato ar feadh thart ar 6 uair an chloig roimh a sheirbheáil.

# 60.Carmel Macchiato Afogato

**COMHÁBHAIR:**
- 1 scoop de gelato caramal nó uachtar reoite
- 1 lámhaigh espresso
- síoróip caramal
- uachtar COIPTHE.

**TREORACHA:**

a) Cuir scoop de gheilato caramal nó uachtar reoite isteach i ngloine riartha.

b) Doirt lámhaigh espresso te thar an gelato.

c) Ceobhrán le síoróip caramal.

d) Barr le uachtar bhuailtí.

# 61.Císte Tres Leches Carmel Macchiato

COMHÁBHAIR:
DON mheascán Uachtair:
- Is féidir le 1 (14-unsa) bainne comhdhlúite a mhilsiú
- Is féidir le 1 (12-unsa) bainne galaithe
- 1/2 cupán uachtar whipping Trom
- 1 cupán caife láidir fuar
- 1 teaspoon sliocht vanilla

DON Chíste:
- 1 1/2 cupán siúcra gráinneach
- 1/2 cupán Im, softened
- 1 spúnóg bhoird sliocht vanilla
- 4 Uibheacha móra
- 2 chupán plúr uilechuspóireach
- 1 teaspoon púdar bácála
- 1 teaspoon sóid aráin
- 1/2 teaspoon salann
- 1 cupán bainne iomlán

DON FHROSTING:
- 2 chupán uachtar bhuailtí Trom
- 1/2 cupán dulce de leche
- 2 spúnóg siúcra púdraithe
- 1/8 teaspoon salann
- Dulce de leche téite le haghaidh drizzling (mar is inmhianaithe)

**TREORACHA:**
**DON mheascán Uachtair:**
a) Comhcheangail na comhábhair uile den mheascán uachtar i mbabhla; curtha i leataobh.

**DON Chíste:**
b) Preheat an oigheann go 350ºF. Grease agus plúr pan císte 13x9-orlach; curtha i leataobh.
c) I mbabhla, le chéile siúcra gránaithe, im softened, agus 1 tablespoon vanilla. Buille ar luas meánach go dtí go gcuirfear le chéile iad. Cuir na huibheacha; leanúint ar aghaidh ag bualadh go dtí go mbeidh an meascán éadrom agus clúmhach.
d) I mbabhla eile, measc go maith an plúr, an púdar bácála, an tsóid bácála agus an salann. Cuir an meascán plúir leis an meascán ime; buille ar luas íseal go dtí go comhcheangailte go maith. Cuir an bainne leis agus lean ar aghaidh ag bualadh go dtí go mbeidh sé measctha go maith.
e) Doirt an fuidrimh isteach sa uile ullmhaithe. Bácáil ar feadh 35-40 nóiméad nó go dtí go dtiocfaidh pioc fiacla a cuireadh isteach sa lár amach glan agus go bhfuil an barr donn go deas. Cé go bhfuil an císte fós te, Doirt an meascán uachtar thar barr an císte. Lig sé suí go dtí go bhfuil an leacht absorbed go hiomlán. Refrigerate ar a laghad 4 uair an chloig nó thar oíche.

**DON FHROSTING:**
f) Díreach roimh a sheirbheáil, cuir na comhábhair frosting go léir le chéile i mbabhla. Buail ar luas ard go dtí go gcruthóidh beanna righin. Scaip an sioc thar bharr an chíste.
g) Ceobhrán le dulce de leche breise mar is mian leat.

## 62.Geata Uachtar Latte Macchiato

**COMHÁBHAIR:**
**DON GATEAU:**
- 200 g (7 unsa) de phlúr uilechuspóireach
- 200 g (7 unsa) de shiúcra gráinnithe
- 200 g (7 unsa) d'im gan salann, bogtha
- 4 uibheacha móra
- 1 tsp púdar bácála
- 2 tsp sliocht fanaile
- 2 capsules Latte Macchiato espresso (thart ar 80 ml nó 2.7 unsa)
- A pinch salainn

**DON Uachtar MACCHIATO LATTE:**
- 4 capsules de Latte Macchiato espresso (thart ar 160 ml nó 5.4 unsa)
- 250 ml (8.5 unsa) d'uachtar trom bhuailtí
- 100 g (3.5 unsa) de siúcra púdraithe
- 2 tsp gráinníní caife toirt (le haghaidh maisiúcháin)

**TREORACHA:**
**AG DÉANAMH AN GATEAU:**
a) Déan do oigheann a théamh go 180°C (350°F). Grease agus líneáil stán císte cruinn 9-orlach (23 cm) le páipéar pár.
b) I mbabhla beag, déan na gráinníní caife toirt ó na capsúil espresso Latte Macchiato a dhíscaoileadh. Cuir ar leataobh le fuarú.
c) I mbabhla meascadh, uachtar an t-im bogtha agus an siúcra gráinnithe go dtí go mbeidh sé éadrom agus clúmhach.
d) Cuir na huibheacha isteach ceann ag an am, ag meascadh go maith tar éis gach suimiú. Corraigh an sliocht vanilla.
e) I mbabhla ar leith, sift le chéile an plúr uilechuspóireach, an púdar bácála, agus pinch salainn.
f) De réir a chéile cuir na comhábhair thirim leis na comhábhair fhliucha, ag meascadh go dtí go mbeidh siad comhcheangailte go maith.
g) Doirt isteach an espresso Latte Macchiato fuaraithe agus measc go dtí go bhfuil an fuidrimh réidh agus ionchorpraithe go maith.
h) Doirt an fuidrimh isteach sa stán císte ullmhaithe agus réidh an barr.
i) Bácáil san oigheann réamhthéite ar feadh thart ar 25-30 nóiméad nó go dtí go dtiocfaidh toothpick a cuireadh isteach sa lár amach glan.
j) Lig don gateau fuarú sa stán ar feadh cúpla nóiméad sula n-aistrítear chuig raca sreinge é chun fuarú go hiomlán.

**AG DÉANAMH AN Uachtar MACCHIATO LATTE:**
k) Brew 4 capsúil de Latte Macchiato espresso agus lig dóibh fuarú.

l) I mbabhla meascáin, fuip an t-uachtar trom whipping go dtí go gcruthóidh sé beanna righin.
m) Fill go réidh an siúcra púdraithe isteach san uachtar bhuailtí.
n) De réir a chéile cuir an Latte Macchiato espresso fuaraithe leis an meascán uachtair agus fillte go réidh é go dtí go mbeidh sé ionchorpraithe go hiomlán.

**AN GATEAU A CHÓDÁIL:**
o) Scas an gateau fuaraithe go cothrománach ina dhá shraith chothroma.
p) Cuir ciseal amháin ar phláta riartha agus scaip cuid fhlaithiúil den uachtar Latte Macchiato ar a bharr.
q) Cuir an dara sraith gateau ar bharr an uachtar go cúramach.
r) Frost an císte ar fad leis an uachtar Latte Macchiato fágtha, ag cinntiú bailchríoch réidh agus fiú.
s) Maisigh an gateau le spriongaí gráinníní caife meandracha nó Ceobhrán espresso Latte Macchiato le haghaidh teagmháil chríochnúil.
t) Slice agus freastal ar do Latte Macchiato Uachtar Gateau chun taitneamh a bhaint as an milseog luscious.

# 63.Císte cáise Latte Macchiato

**COMHÁBHAIR:**
**DON BHUNÚS BISCUIT:**
- 100 g (3.2 unsa) siúcra
- 200 g (6.5 unsa) plúr
- 120 g (4 unsa) im
- 1 spúnóg bhoird de uachtar
- 1 spúnóg bhoird de cainéal
- 1 teaspoon fanaile talún

**LÍONADH CÁIS:**
- 2 capsúil de Arpeggio Grand Cru
- 400 g (13 unsa) cáis uachtair
- 250 g (8 unsa) mascarpone
- 2 uibheacha
- 180 g (6 unsa) siúcra
- 1 spúnóg bhoird de phlúr
- 1 spúnóg bhoird de sliocht vanilla

**LATTE MACCHIATO:**
- 1 capsule de Arpeggio Grand Cru
- 150 ml (5 unsa) bainne
- 1 spúnóg bhoird de síoróip fianán seacláide
- Marshmallows

**TREORACHA:**
**DON BHUNÚS BISCUIT:**
a) Measc na bunábhair brioscaí go léir go dtí go bhfaigheann tú uigeacht garbh brioscaí.
b) Scaip an meascán isteach i stán bácála springform greased (28 cm/11 in), líneáilte le páipéar gréiscdhíonach.
c) Bácáil san oigheann ar feadh 15 go 20 nóiméad.

**DO LÍONADH CÁISC:**
d) Ullmhaigh 2 Arpeggio Grand Crus in espresso (40 ml/1.5 unsa).
e) Cuir an espresso agus na comhábhair líonadh cáise go léir isteach i meascthóir nó i gcumascóir.
f) Cumaisc go dtí go bhfuil an uachtar réidh.
g) Doirt an meascán isteach sa bhonn brioscaí agus bácáil ar feadh 40 nóiméad.
h) Lig don cheesecake fuarú, ansin cuisnigh agus lig dó socrú thar oíche.

**DON LATTE MACCHIATO:**
i) Doirt an síoróip fianán seacláide isteach i gloine oidis.
j) Bain úsáid as frother bainne Aeroccino nó soic gaile do mheaisín Nespresso, cuir an bainne ar shiúl.
k) Cuir an bainne frothed isteach sa ghloine.
l) Doirt an Arpeggio Grand Cru (40 ml/1.5 unsa) díreach thar an mbainne frothed.
m) Má tá an meaisín Lattissima+ in úsáid agat, brúigh an cnaipe amháin.
n) Críochnaigh trí bharr le marshmallows.

## 64. Císte Bundt Macchiato

**COMHÁBHAIR:**
- ⅓ cupán ola olóige éadrom-blaiseadh
- ½ sliseanna seacláide cupán
- ½ cupán cnónna mionghearrtha (cnónna coill nó gallchnónna)
- 1 pacáiste meascán císte buí
- 4 spúnóg caife espresso toirt
- 2 taespúnóg cainéal talún
- 3 uibheacha móra
- 1 ¼ cupán uisce
- Siúcra milseogra (do dhustáil)

**TREORACHA:**
a) Ullmhaigh pana Bundt 12-cupán trína scuabadh le hola olóige, ansin é a sprinkle go héadrom le plúr. Déan do oigheann a théamh go 325°F (162°C).
b) Measc na sliseanna seacláide agus cnónna mionghearrtha. Spúnóg an meascán seo go cothrom isteach i bun an uile Bundt ullmhaithe.
c) I mbabhla mór, corraigh an caife espresso toirt agus an cainéal meilte isteach sa mheascán císte buí.
d) Cuir ⅓ cupán ola olóige, na huibheacha, agus uisce leis an meascán císte. Measc go mall le meascthóir leictreach go dtí go díreach tais, ansin buille ar luas meánach ar feadh 2 nóiméad.
e) Doirt fuidrimh an chíste thar an sliseanna seacláide agus barr an chnó sa phanna.
f) Bácáil san oigheann réamhthéite ar feadh thart ar 60 nóiméad nó go dtí go dtiocfaidh pioc fiacla a cuireadh isteach sa chíste amach glan.
g) Lig don chíste fuarú ar raca sreinge ar feadh 15 nóiméad, ansin inbhéartaigh an uileán isteach ar phláta riartha agus lig dó fuarú go hiomlán.
h) Nuair a bheidh an císte fuaraithe, sprinkle le siúcra milseogra é.
i) Ag am freastail, slice an císte agus é a sheirbheáil le cáis ricotta atá milsithe go héadrom. Chun an ricotta a mhilsiú, measc thart ar 2 thaespúnóg de shiúcra gráinnithe isteach i 15 unsa de cháis ricotta. Dust an císte le beagán cainéal breise le haghaidh blas breise.
j) Bain sult as do Chíste Bundt Macchiato blasta!

## 65. Cáca cáise Macchiato

**COMHÁBHAIR:**
**DON SCRÚD:**
- 1 ½ cupán cnónna mionghearrtha
- 2 spúnóg siúcra
- 3 spúnóg bhoird margairín leáite

**DON CHÁISC:**
- 32 unsa cáis uachtair, softened
- 1 cupán siúcra
- 3 spúnóg plúr uilechóire neamhthuartha
- 4 uibheacha móra
- 1 cupán uachtar géar
- 1 tablespoon gráinníní caife toirt
- ¼ teaspoon cainéal
- ¼ cupán fiuchphointe uisce

**DO GARNISH:**
- Uachtar COIPTHE
- pónairí caife iomlána (roghnach)

**TREORACHA:**
**DON SCRÚD:**
a) Comhcheangail na cnónna mionghearrtha, an siúcra agus an margairín leáite i mbabhla. Brúigh an meascán seo ar bhun pana císte earrach 9-orlach.
b) Bácáil an screamh ag 325°F (165°C) ar feadh 10 nóiméad.

**DON CHÁISC:**
c) I mbabhla mór, le chéile an cáis uachtair softened, siúcra, agus plúr. Measc ar luas meánach ag baint úsáide as meascthóir leictreach go dtí go cumasc go maith.
d) Cuir na huibheacha isteach ceann ag an am, ag meascadh go maith tar éis gach suimiú.
e) Cumaisc sa uachtar géar.
f) Tuaslaig na gráinníní caife meandracha agus cainéal in uisce fiuchphointe. Lig don mheascán seo fuarú, ansin cuir leis an meascán cáis uachtair de réir a chéile é. Measc go dtí go chumasc go maith.
g) Doirt an fuidrimh cheesecake thar an screamh.
h) Bácáil an cáca cáise ag 450°F (232°C) ar feadh 10 nóiméad.
i) Laghdaigh teocht an oigheann go 250°F (121°C) agus lean ar aghaidh ag bácáil ar feadh 1 uair an chloig.
j) Scaoil an císte ó imeall an uile agus lig dó fuarú sula mbaintear an imeall.
k) Chill an cheesecake i refrigerator.

**CHUN FREASTAL:**
l) Garnish an cheesecake fuaraithe le huachtar bhuailtí agus pónairí caife iomlána, más inmhianaithe.
m) Bain sult as do Chíste Cáise Macchiato aoibhinn le blas saibhir caife!

# 66.Císte Mousse Macchiato

**COMHÁBHAIR:**
**DON BHUNÚ CÁC:**
- 1 ½ cupán fianáin seacláide brúite nó brioscaí graham
- ⅓ cupán im leáite

**DON luchóg caife Macchiato:**
- 2 spúnóg caife toirt
- 2 spúnóg siúcra gráinnithe
- 2 spúnóg uisce te
- 2 cupán uachtar trom, fuaraithe
- ⅓ cupán siúcra púdraithe
- 1 teaspoon sliocht vanilla

**DON BHARR:**
- Uachtar COIPTHE
- Snáthaidí seacláide nó púdar cócó (le haghaidh garnish)

**TREORACHA:**

a) I mbabhla, measc na fianáin brúite nó crackers Graham leis an im leáite go dtí go comhcheangailte go maith. Brúigh an meascán isteach go bun pana springform línithe chun an bonn císte a dhéanamh. Cuir sa chuisneoir é a shocrú agus tú ag ullmhú an mousse.

b) I mbabhla mheascadh, le chéile an caife toirt, siúcra gránaithe, agus uisce te. Ag baint úsáide as meascthóir leictreach nó whisk, buail an meascán ar ardluais go dtí go n-éireoidh sé tiubh agus eirgeach. Curtha i leataobh.

c) I mbabhla meascáin eile, fuip an t-uachtar trom fuaraithe, siúcra púdraithe, agus sliocht fanaile go dtí go gcruthóidh beanna bog.

d) Fill an t-uachtar buailte go réidh isteach sa mheascán caife Macchiato go dtí go mbeidh sé comhcheangailte go maith. Bí cúramach gan ró-mheascadh chun uigeacht éadrom agus aerdhíonach an mousse a choinneáil.

e) Doirt an meascán mousse caife Macchiato ar an mbonn císte ullmhaithe i bpanna springform. Smooth an barr le spatula.

f) Cuir an císte sa chuisneoir agus lig dó fuarú ar feadh 4 uair an chloig ar a laghad nó thar oíche chun é a shocrú.

g) Nuair a bheidh an mousse socraithe, bain go cúramach an uileán springform. Garnish an barr le huachtar buailte agus sprinkle le bearrtha seacláide nó deannach le púdar cócó.

h) Slice agus riar an Císte Mousse Caife Macchiato fuaraithe. Bain taitneamh as!

# 67.Cáca Cáise Carmel Macchiato

**COMHÁBHAIR:**
**DON CHÁISC:**
- 2 chupán graham cracker blúiríní
- 1/4 cupán im, leáite
- 1 cupán + 1 spúnóg siúcra
- Pacáistí 3 (8 unsa) cáis uachtair, bogtha
- 3 Uibheacha Cuing an Dúlra
- 8 unsa uachtar géar
- 1/4 cupán espresso brewed
- 2 tsp vanilla
- Barraí uachtar reoite caramal

**DON Uachtair A bhuaileann ESPRESSO:**
- 1 cupán uachtar whipping
- 1/4 cupán siúcra púdraithe
- 1 1/2 spúnóg bhoird espresso brewed
- 1/2 teaspoon vanilla

**TREORACHA:**
a) Preheat an oigheann go 350°F. Cóta héadrom pana springform 9-orlach le sprae cócaireachta nonstick agus fillte an bun go docht le scragall.
b) I mbabhla, meascáin graham cracker blúiríní, im leáite, agus 1 tablespoon siúcra go dtí go comhcheangailte go maith. Brúigh an meascán seo isteach sa bhun agus thart ar 1 orlach suas taobhanna an phanna springform ullmhaithe. Bácáil ar feadh 8 nóiméad, ansin lig dó fuarú ar raca sreang.
c) Laghdaigh an teocht san oigheann go 325°F.
d) I mbabhla mór, buail an cáis uachtair le meascthóir leictreach go dtí go mbeidh sé clúmhach. De réir a chéile cuir an cupán siúcra atá fágtha, buille go dtí go cumasc go maith.
e) Cuir na huibheacha isteach ceann ag an am, ag bualadh go maith tar éis gach suimiú. Corraigh an uachtar géar, an espresso, agus an fanaile. Doirt an fuidrimh isteach sa screamh bácáilte agus fuaraithe.
f) Cuir an cruth lingeáin isteach i bpanna bácála níos mó agus cuir 1 orlach d'uisce te leis an bpanna is mó. Bhácáil an cheesecake san oigheann réamhthéite ar feadh 1 uair agus 5 nóiméad. Ansin, cas as an oigheann, go páirteach ar oscailt an doras, agus lig an cheesecake chuid eile ar feadh 15 nóiméad breise.
g) Bain as an oigheann é, reáchtáil scian timpeall na n-imill, agus lig dó fuarú ar raca sreang go teocht an tseomra. Clúdaigh an cruth springform le wrap plaisteach agus fuaraigh an cheesecake sa chuisneoir ar feadh 8 uair an chloig.

**DON Uachtair A bhuaileann ESPRESSO:**
h) Buail an t-uachtar whipping i mbabhla mór fuaraithe le meascthóir leictreach go hard go dtí go gcruthóidh beanna bog.
i) Sprinkle sa siúcra púdraithe agus buail go dtí go gcruthóidh beanna righin. Fill an espresso agus an fanaile le spatula rubair. Píob an t-uachtar ar an gcíste cáise roimh é a sheirbheáil.

**SULA BHFUIL AN CÁISC A SHEIRBHÍS:**
j) Ceobhrán an cháca cáise le bearrtha caramal agus uachtar bhuailtí espresso ar an gcíste cáise. Bain taitneamh as!
k) Blaiseadh an meascán aoibhinn de caramal macchiato agus cáca cáise sa mhilseog seo!

## 68.Císte Pudding Macchiato

**COMHÁBHAIR:**
- 1 cupán plúr uilechuspóireach
- ⅔ cupán siúcra
- 2 spúnóg bhoird cócó neamh-mhilsithe
- 2 taespúnóg púdar bácála
- ¼ teaspoon salann
- ½ cupán bainne bearrtha galaithe
- 1 teaspoon ola glasraí
- 1 teaspoon sliocht vanilla
- ¼ cupán morsels seacláide leath-mhilis
- 1 cupán siúcra donn dorcha pacáilte go daingean
- ¼ cupán cócó neamh-mhilsithe
- 1¾ cupán uisce te
- 2 chlúdach litreach (.77 unsa an ceann) de mheascán caife Macchiato toirt nó meascán caife toirt blas
- ½ cupán móide 1 spúnóg bhoird iógart fanaile reoite

**TREORACHA:**
a) Déan do oigheann a théamh go 350°F (175°C).
b) I bpanna bácála cearnach 9-orlach, cuir na chéad 5 chomhábhar le chéile (plúr uilechuspóireach, siúcra, cócó neamh-mhilsithe, púdar bácála agus salann) agus corraigh go maith.
c) Cuir an bainne bearrtha galaithe, an ola glasraí agus an sliocht fanaile leis na comhábhair thirim, ag corraigh go dtí go n-éireoidh an meascán réidh. Corraigh isteach na morsels seacláide leath-mhilis.
d) Comhcheangail an siúcra donn dorcha agus ¼ cupán cócó neamh-mhilsithe, ansin sprinkle an meascán seo go cothrom thar an fuidrimh sa phain bácála.
e) I gcoimeádán ar leith, cuir an t-uisce te agus an meascán caife Macchiato toirt le chéile, ag corraigh chun an meascán caife a dhíscaoileadh.
f) Doirt go cúramach an meascán caife thar an fuidrimh sa phas bácála. Ná corraigh; lig dó suí mar atá.
g) Cuir an uileán bácála san oigheann réamhthéite agus bácáil ar feadh 40 nóiméad nó go dtí go n-éireoidh an císte ar ais go héadrom nuair a dteagmháil léi sa lár.
h) Nuair a bheidh sé bácáilte, riar an císte te le scoop de iógart fanaile reoite.
i) Bain sult as do Chíste Maróg Macchiato aoibhinn!

# 69.Císte Chiffon Macchiato

**COMHÁBHAIR:**
**DON Chíste:**
- 6 uibheacha móra, scartha
- ½ cupán siúcra gránaithe
- ½ cupán ola glasraí
- ½ cupán caife Macchiato
- 1 teaspoon sliocht vanilla
- 1 ½ cupán plúr císte
- 2 taespúnóg púdar bácála
- ¼ teaspoon salann

**DON Frosting Uachtair A bhuaileann Caife Macchiato:**
- 1 ½ cupán uachtar trom, fuaraithe
- ¼ cupán siúcra púdraithe
- ¼ cupán caife Macchiato
- Púdar cócó (le haghaidh dhustáil, roghnach)

**TREORACHA:**

a) Déan do oigheann a théamh go 325°F (165°C). Grease agus plúr pan císte chiffon.

b) I mbabhla meascáin mór, buail na buíocáin uibhe agus an siúcra le chéile go dtí go mbeidh siad uachtar agus buí.

c) Cuir an ola glasraí, caife Macchiato, agus sliocht vanilla leis an meascán buíocán uibhe. Measc go maith.

d) I mbabhla ar leith, cuir an plúr císte, an púdar bácála agus an salann le chéile.

e) De réir a chéile cuir na comhábhair thirim leis na comhábhair fliuch, ag meascadh go dtí go díreach comhcheangailte. Bí cúramach gan ró-mheascadh.

f) I mbabhla glan eile, buail na bánna uibhe go dtí go mbíonn beanna boga ann.

g) Fill go réidh na bánna uibhe buailte isteach sa fhuidreamh go dtí go mbeidh siad corpraithe go maith.

h) Doirt an fuidrimh isteach sa phana císte chiffon ullmhaithe. Smooth an barr le spatula.

i) Bácáil san oigheann réamhthéite ar feadh thart ar 45-50 nóiméad nó go dtí go dtiocfaidh pioc fiacla a cuireadh isteach i lár an chíste amach glan.

j) Bain an císte as an oigheann agus lig dó fuarú bun os cionn sa phanna le cosc a chur air titim.

k) Nuair a bheidh an císte fuaraithe go hiomlán, bain go cúramach as an bpanna é.

l) Le haghaidh sioc uachtair bhuailtí caife Macchiato, fuip an t-uachtar trom fuaraithe agus siúcra púdraithe go dtí go gcruthóidh beanna bog. Cuir an caife Macchiato leis agus lean ar aghaidh ag whipping go dtí go gcruthóidh beanna righin.

m) Cuir an cáca chiffón fuaraithe leis an gcaife Macchiato a bhfuil an t-uachtar buailte aige, ag clúdach barr agus taobhanna an chíste.

n) Roghnach: Déan barr an chíste a dhustáil le púdar cócó chun blas agus maisiú breise a fháil.

o) Slice agus riar an Cáca Chiffon Caife Macchiato. Bain taitneamh as!

# 70. Cupáin Brownie Macchiato

**COMHÁBHAIR:**
**BROWNIE**
- ¾ cupán siúcra gráinneach
- ¾ cupán im
- ½ cupán siúcra donn pacáilte
- ½ cupán púdar cócó neamh-mhilsithe
- 2 uibheacha móra, beagán buailte
- 1 teaspoon vanilla
- 1½ cupán plúr uilefheidhme
- 2 spúnóg gráinníní caife toirt
- 1 teaspoon púdar bácála
- 1 cupán bainne
- 1 cupán gallchnónna nó pecans, mionghearrtha go mín

**BARRADH URAGHAIDH AINGÍ:**
- 1 cupán uachtar whipping
- 2 spúnóg bhoird siúcra púdraithe sifted
- 1 teaspoon gráinníní caife toirt
- cainéal talún

**TREORACHA:**

a) I sciléad mór, teas an siúcra gránaithe, im, siúcra donn, agus púdar cócó thar teas meánach go dtí go leáigh an t-im, ag corraigh i gcónaí.

b) Bain an skillet as teas; cuir na huibheacha buailte agus fanaile. Buail an meascán go héadrom le spúnóg adhmaid go dtí go díreach le chéile.

c) I mbabhla ar leith, le chéile an plúr, 2 spúnóg bhoird de gráinníní caife, agus púdar bácála.

d) Cuir an meascán plúir agus bainne leis an meascán cócó faoi seach, ag bualadh tar éis gach suimiú.

e) Corraigh sna gallchnónna mionghearrtha (nó pecans).

f) Doirt an fuidrimh brownie isteach i bpanna bácála 13x9x2-orlach atá greased go héadrom.

g) Bácáil in oigheann réamhthéite 350°F (175°C) ar feadh 25-30 nóiméad nó go dtí go dtagann pioc fiacla a cuireadh isteach in aice leis an lár amach glan.

h) Lig do na brownies fuarú ar raca sreinge ar feadh dhá uair an chloig ar a laghad.

i) I mbabhla beag, buail an t-uachtar whipping, siúcra púdraithe, agus 1 teaspoon gráinníní caife go dtí go mbeidh beanna righin ann.

j) Ag baint úsáide as gearrthóir fianán nó imeall gloine óil, gearr na brownies fuaraithe i gciorcail 2-orlach.

k) Le teaspoon beag tomhais, scoop amach lár na gciorcal donn chun cupáin a chruthú.

l) Píob nó spúnóg an meascán uachtar buailte isteach sna cupáin brownie.

m) Sprinkle na bairr le cainéal talún.

n) Bain sult as do Chorn Brownie Macchiato aoibhinn le lámh uachtar buailte agus cainéal ar a bharr!

# 71.Píosa Cáise Macchiato

**COMHÁBHAIR:**
**DON PIE:**
- 1 (10-orlach) screamh pie

**DON LÍONADH:**
- Pacálann 3 (8 unsa) cáis uachtair, bogtha
- 1 ¾ cupán siúcra dorcha donn pacáilte go daingean
- 4 uibheacha
- 2 spúnóg caife láidir

**DON SAILL:**
- 1 cupán siúcra donn dorcha pacáilte go daingean
- 1 cupán uachtar whipping
- ½ cupán im
- ¼ cupán caife láidir
- 2 spúnóg bhoird de licéar blas caife (nó caife láidir)
- 1 leatha pecan cupán

**TREORACHA:**
a) Déan do oigheann a théamh go 350°F (175°C).
**DON PIE:**
b) I mbabhla mór, buail an cáis uachtair bhog agus 1 ¾ cupán siúcra dorcha donn go dtí go réidh.
c) Cuir na huibheacha leis agus buille go dtí go mbeidh siad cumasc go maith.
d) Cuir 2 spúnóg bhoird de chaife láidir leis agus cumasc go maith.
e) Doirt an meascán cáis uachtair seo isteach sa screamh pie.
f) Bácáil san oigheann réamhthéite ag 350 ° F ar feadh 45-50 nóiméad nó go dtí go bhfuil na himill socraithe agus donn órga (ní bheidh an chuma ar an ionad socraithe).
g) Tar éis 15-20 nóiméad de bhácáil, clúdaigh imeall an screamh le stiallacha scragall chun donnú iomarcach a chosc.
h) Nuair a bheidh sé bácáilte, lig don pie fuarú, ansin cuisnigh go dtí go mbeidh sé fuaraithe go maith, agus socraítear an t-ionad, thart ar 2 uair an chloig.
**DON SAILL:**
i) I sáspan meánach, cuir na comhábhair uile anlann le chéile ach amháin na pecans.
j) Tabhair an meascán chun boil thar teas meánach, corraigh uaireanta.
k) Laghdaigh an teas agus suanbhruith ar feadh 5 nóiméad, corraigh uaireanta.
l) Corraigh i 1 cupán leath pecan.
**CHUN FREASTAL:**
m) Doirt an t-anlann te thar gach riar den phíog cháca cáise fuaraithe.
n) Garnish le huachtar buailte agus leatha pecan breise, más inmhianaithe.
o) Bain sult as do Phíosa Cáise Macchiato blasta le Anlann Pecan!

# 72.Macchiato Mousse

**COMHÁBHAIR:**
**DON BHUNÚS CAIFE DON MÚCHAS:**
- 1¾ teaspoon Knox geilitín gan blas
- ½ cupán uisce fuar, roinnte
- ½ cupán bainne 1%.
- ½ cupán móide 3 spúnóg siúcra gráinnithe, roinnte
- 3 spúnóg púdar espresso toirt nó caife toirt rialta
- 1 teaspoon cócó neamh-mhilsithe
- ⅛ teaspoon cainéal
- A pinch salainn
- 2 spúnóg licéar caife (cosúil le Kahlua)
- 1 teaspoon sliocht vanilla

**DON MERINGUE:**
- ⅛ teaspoon uachtar tartar
- 2 whites ubh mhóra, ag teocht an tseomra

**DON uachtar buailte:**
- ¼ cupán uachtar trom, fuaraithe

**DON SCREAMH BRÚS Seacláide:**
- pónairí espresso clúdaithe le seacláid (roghnach)
- 25 fianáin wafer seacláide, mionghearrtha (thart ar 1½ cupán)
- 2 spúnóg bhoird canola nó ola bréige
- 1 spúnóg bhoird im neamhshaillte, leáite
- 1 tablespoon bainne lom, nó mar is gá
- ½ teaspoon cainéal

**TREALAMH SPEISIALTA:**
- Pláta pie 9-orlach, scuab taosráin, teirmiméadar candy (roghnach)

**TREORACHA:**
**DON SCREAMH BRÚS Seacláide:**
a) Is féidir an screamh a ullmhú roinnt uaireanta roimh ré; caithfidh sé fuarú ar feadh 30 nóiméad ar a laghad sula líontar é. Ní mór an pie líonta a chuisniú ar feadh 3 huaire ar a laghad, nó thar oíche, roimh é a sheirbheáil.

**ULLMHAIGH AN BUNÚ CAIFE DON luch:**
b) I sáspan beag, spréigh an geilitín thar ¼ cupán uisce fuar, agus cuir ar leataobh é chun maolú ar feadh thart ar 3 nóiméad. Ansin, cuir é os cionn teas íseal agus corraigh go dtí go bhfuil an geilitín tuaslagtha (ná boil). Bain as teas agus whisk sa bhainne, 3 spúnóg bhoird de siúcra, espresso nó púdar caife, cócó, cainéal, agus salann.

c) Fill an uile ar theas íseal agus whisk ar feadh thart ar 3 nóiméad, go dtí go bhfuil an siúcra tuaslagtha. Bain ón teas agus corraigh an licéar caife agus an fanaile isteach. Doirt an meascán isteach i mbabhla mór teasdhíonach agus cuir ar leataobh é ag teocht an tseomra.

d) Ullmhaigh an meringue: I sáspan 1½-quart, corraigh an ¼ cupán uisce atá fágtha, an ½ cupán siúcra atá fágtha, agus an uachtar tartar le chéile. Socraigh é thar mheán teasa agus cócaráil, go réidh swirling an uile arís agus arís eile, go dtí go bhfuil an siúcra tuaslagtha. Chun criostalú siúcra a chosc, nigh síos taobhanna an uile le scuab taosráin tumtha in uisce fuar.

e) Má tá teirmiméadar candy agat, gearr go dtí an uile é. Méadaigh an teas go meán-ard agus boil gan corraigh go dtí go léann an teirmiméadar 239 céim go 242 céim F, nó go dtí go ndéanann braon den síoróip liathróid bhog nuair a thiteann sé in uisce oighir.

f) Cé go bhfuil an síoróip ag cócaireacht, cuir tús leis na bánna uibhe a fhuip i mbabhla meánach: Aoire go dtí go mbíonn beanna meánacha ann.

g) Nuair a shroicheann an síoróip an teocht shonraithe, bain as an teas é agus de réir a chéile é a dhoirteadh thar na bánna agus iad a bhualadh ar luas meánach íseal. Doirt an síoróip i sruth seasta idir taobhanna an bhabhla agus na buailteoirí (ná scríobadh sna píosaí cruaite ó na taobhanna). Lean ar aghaidh ag whipping go dtí go mbraitheann na whites fionnuar agus cruthaigh beanna righin, thart ar 5 nóiméad. Curtha i leataobh.

**ULLMHAIGH folcadh Oighearuisce:**

h) Líon babhla mór le huisce agus oighear. Cuir an babhla de bhonn caife sa dabhach uisce oighir agus corraigh go dtí go fuaraíonn sé agus go tiubh go dtí comhsheasmhacht na bánna uibhe amh.

i) Ná lig sé a leagtar go hiomlán; má fhuaraíonn sé i bhfad ró-agus má éiríonn sé righin, cuir thar pana uisce te é agus corraigh nó guair ar feadh tamaill go dtí go bhfuil sé mín agus uachtar (cosúil le maróg bhog).

j) Cuir thart ar 1 cupán den meringue fuaraithe isteach sa mheascán caife chun é a éadromú, ansin fillte isteach sa chuid eile den meringue.

k) I mbabhla meánach glan, ag baint úsáide as buailteoirí glan, fuip an t-uachtar go dtí go gcruthóidh beanna bog. Fill an t-uachtar buailte isteach sa mheascán caife-meringue. Ná bí buartha má tá cúpla stríoc bán fágtha.

l) Cas an mousse isteach sa screamh fuaraithe, agus réidh an barr. Refrigerate ar a laghad 3 uair an chloig, nó thar oíche. Díreach sula ndéantar é a sheirbheáil, más mian leat, socraigh fáinne de pónairí espresso atá clúdaithe le seacláid timpeall imeall an phióg.

## 73.Píosa Uachtar Macchiato

**COMHÁBHAIR:**
**DON SCRÚD**
- 1 ½ cupán blúiríní fianán seacláide
- ¼ cupán siúcra gránaithe
- ½ cupán im gan salann, leáite

**DON LÍONADH:**
- 2 spúnóg gráinníní caife toirt
- 2 spúnóg uisce te
- Is féidir le 1 (14-unsa) bainne comhdhlúite a mhilsiú
- 1 (3.4-unsa) pacáiste de mheascán maróg fanaile toirt
- 1 ½ cupán bainne fuar
- 1 cupán uachtar trom, bhuailtí
- Scáileanna seacláide nó púdar cócó le haghaidh garnish (roghnach)

**TREORACHA:**
a) Déan do oigheann a théamh go 350°F (175°C).
b) I mbabhla, le chéile na blúiríní fianán seacláide, siúcra gráinnithe, agus im leáite. Brúigh an meascán seo isteach i mias pióg chun an screamh a dhéanamh.
c) Bácáil an screamh ar feadh 8-10 nóiméad, ansin lig dó fuarú go hiomlán.
d) I mbabhla beag, déan na gráinníní caife toirt a dhíscaoileadh in uisce te agus cuir ar leataobh.
e) I mbabhla ar leith, whisk le chéile an bainne comhdhlúite milsithe, meascán maróg fanaile toirt, agus bainne fuar go dtí go comhcheangailte go maith.
f) Corraigh sa mheascán caife tuaslagtha.
g) Fill go réidh ar an uachtar bhuailtí.
h) Doirt an líonadh caife isteach sa screamh seacláide fuaraithe.
i) Refrigerate ar feadh ar a laghad 2 uair an chloig nó go dtí go socraithe.
j) Garnish le bearrtha seacláide nó púdar cócó roimh é a sheirbheáil.

## 74. Trifle Brownie Macchiato

**COMHÁBHAIR:**
- 1 bhaisc de do brownies is fearr leat, fuaraithe agus gearrtha i ciúbanna
- 2 chupán caife brewed láidir, fuaraithe
- ¼ cupán licéar caife (roghnach)
- 2 chupán maróg seacláide
- 2 chupán uachtar bhuailtí
- Scáileanna seacláide agus pónairí caife brúite le haghaidh garnish (roghnach)

**TREORACHA:**
a) I mbabhla, cuir an caife brewed fuaraithe agus an licéar caife le chéile (má tá sé á úsáid).
b) I mias trifle nó spéaclaí freastail aonair, ciseal leath de na ciúbanna brownie ag an mbun.
c) Doirt leath an mheascáin caife thar na brownies.
d) Cuir sraith de maróg seacláide leis, agus sraith de uachtar bhuailtí ina dhiaidh sin.
e) Déan na sraitheanna arís leis na ciúbanna brownie atá fágtha, meascán caife, maróg seacláide, agus uachtar bhuailtí.
f) Garnish le bearrtha seacláide agus pónairí caife brúite más mian leat.
g) Refrigerate ar a laghad 2 uair an chloig roimh a sheirbheáil.

## 75. Carmel-Macchiato Tiramisu Parfaits

**COMHÁBHAIR:**
- 4 unsa. (1/2 de 8-unsa. pkg.) Cáis Uachtar, bogtha
- 1-1/2 cupán bainne fuar
- 1 pkg. (3.4 unsa.) Maróg Láithreach Blas Butterscotch
- 1 tub (8 unsa.) Bhuailtí Barra, leáite, roinnte
- 1/2 cupán caife láidir brewed te
- 1/4 cupán uachtar reoite caramal
- 1 pkg. (16 unsa.) císte punt reoite, gearrtha i ciúbanna 3/4-orlach
- 1-1/2 unsa. Seacláid Semi-Milis, grátáilte

**TREORACHA:**
a) I mbabhla mór, buille an cáis uachtair go dtí go mbeidh sé uachtar. De réir a chéile buille sa bhainne. Cuir an meascán maróg tirim leis agus buille ar feadh 1 nóiméad. Corraigh go réidh i 2 chupán de WHIP COOL.

b) Measc an caife te agus caramal bearrtha go dtí go cumasc. Cuir leath de na ciúbanna císte i 10 spéaclaí parfait; Ceobhrán le leath den mheascán caife.

c) Clúdaigh le leath an mheascáin cáis uachtair, ansin sprinkle 1/3 den seacláid grátáilte. Déan na sraitheanna seo arís.

d) Barr leis an Aoire COOL atá fágtha agus sprinkle an seacláide atá fágtha. Refrigerate ar a laghad 4 uair an chloig.

# 76. Toirtín Seacláide Macchiato

**COMHÁBHAIR:**
**DON SCRÚD**
- 1 ½ cupán blúiríní fianán seacláide
- ¼ cupán siúcra gránaithe
- ½ cupán im gan salann, leáite

**DON LÍONADH:**
- 1 ½ cupán uachtar trom
- 2 spúnóg gráinníní caife toirt
- 1 tablespoon uisce te
- 10 unsa seacláide semisweet, mionghearrtha
- 1 teaspoon sliocht vanilla
- Púdar cócó le haghaidh dhustáil (roghnach)

**TREORACHA:**
a) Déan do oigheann a théamh go 350°F (175°C).
b) I mbabhla, le chéile na blúiríní fianán seacláide, siúcra gráinnithe, agus im leáite. Brúigh an meascán seo isteach i bpanna toirtín chun an screamh a dhéanamh.
c) Bácáil an screamh ar feadh 8-10 nóiméad, ansin lig dó fuarú go hiomlán.
d) I sáspan, teas an uachtar trom go dtí go dtosaíonn sé ag suanbhruith. Bain as teas.
e) Tuaslaig na gráinníní caife meandracha in uisce te agus cuir leis an uachtar te iad.
f) Cuir an seacláid leathmhilis mionghearrtha leis an meascán uachtar agus corraigh go dtí go bhfuil an seacláid leáite go hiomlán agus go réidh.
g) Corraigh an sliocht vanilla.
h) Doirt an seacláid caife a líonadh isteach sa screamh fuaraithe.
i) Refrigerate ar feadh ar a laghad 2 uair an chloig nó go dtí go socraithe.
j) Déan deannaigh le púdar cócó sula ndéantar é a sheirbheáil.

## 77. Latte Macchiato Panna Cotta

**COMHÁBHAIR:**
- 7 leathán de gheilitín bán
- 75g siúcra gráinneach
- 400ml caife te láidir
- 400ml bainne lán-saill
- 1 canna bainne comhdhlúite (397ml)
- 4 Candy milis

**TREORACHA:**

a) Soak 3 leathán geilitín i mbabhla uisce fuar ar feadh 5 nóiméad. Tuaslaig 50g siúcra i 250ml de chaife te (lig don chuid eile den chaife fuarú). Squeeze na bileoga geilitín agus thuaslagadh sa chaife. Roinn an meascán caife i 6 ghloine álainn agus lig dó a shocrú sa chuisneoir ar feadh 2 uair an chloig.

b) Teas an bainne lán-saille agus an bainne comhdhlúite le chéile i sáspan go dtí go bhfuil an meascán bainne beagnach fiuchphointe. Lig dó fuarú agus tú ag maothú na 4 leathán geilitín atá fágtha i mbabhla uisce fuar ar feadh 5 nóiméad. Squeeze na bileoga geilitín, iad a thuaslagadh sa mheascán bainne, agus lig an meascán fionnuar go dtí go bhfuil sé te.

c) Doirt an meascán bainne thar an glóthach caife sna spéaclaí. Lig dó a shocrú i refrigerator ar a laghad 3 uair an chloig.

d) Idir an dá linn, suanbhruith an caife atá fágtha leis an siúcra atá fágtha ar feadh 5-10 nóiméad go dtí go n-iompaíonn sé ina síoróip. Lig dó fuarú.

e) Bris an candy i bpíosaí neamhrialta ag baint úsáide as moirtéal agus pestle nó bioráin rollta.

f) Bain na spéaclaí as an gcuisneoir, Ceobhrán síoróip caife os a gcionn, agus sprinkle leis na píosaí candy ime.

## 78. Toirtín Custard Macchiato

**COMHÁBHAIR:**
**DON SCRÚD**
- 1 ½ cupán plúr uilefheidhme
- ¼ cupán siúcra gránaithe
- ½ cupán im gan salann, fuar agus ciúbach
- 1 buíocán uibhe mór
- 2 spúnóg uisce fuar

**DON LÍONADH:**
- 1 ½ cupán uachtar trom
- 2 spúnóg gráinníní caife toirt
- 1 tablespoon uisce te
- ½ cupán siúcra gránaithe
- 3 uibheacha móra
- 1 teaspoon sliocht vanilla
- Cainéal meilte le haghaidh dhustáil (roghnach)

**TREORACHA:**
a) I bpróiseálaí bia, cuir an plúr agus an siúcra gráinnithe le chéile. Cuir an t-im fuar agus an chuisle leis go dtí go mbeidh an meascán cosúil le blúiríní garbh.
b) I mbabhla beag, whisk le chéile an buíocán uibhe agus uisce fuar. Cuir an meascán seo leis an bpróiseálaí bia agus cuisle go dtí go dtagann an taos le chéile.
c) Foirm an taos isteach i diosca, fillte i wrap plaisteach, agus cuisnigh ar feadh 30 nóiméad.
d) Déan do oigheann a théamh go 375°F (190°C).
e) Rollaigh amach an taos fuaraithe agus cuir isteach i bpanna toirtín é. Baile Átha Troim aon taos breise.
f) I mbabhla, déan na gráinníní caife toirt a dhíscaoileadh in uisce te agus cuir ar leataobh.
g) I mbabhla ar leith, cuir an siúcra gránaithe, na huibheacha agus an sliocht fanaile le chéile.
h) Corraigh sa mheascán caife tuaslagtha.
i) Doirt an custard caife a líonadh isteach sa screamh toirtín.
j) Bácáil san oigheann réamhthéite ar feadh 25-30 nóiméad nó go dtí go bhfuil an custard socraithe agus go bhfuil an screamh órga.
k) Lig don toirtín fionnuar agus deannach le cainéal talún sula ndéantar é.

# 79. Macchiato Creme Brûlée

**COMHÁBHAIR:**
- 2 cupáin uachtar trom
- 2 spúnóg gráinníní caife toirt
- 4 buíocáin uibhe mhóra
- ½ cupán siúcra gránaithe
- 1 teaspoon sliocht vanilla
- Siúcra donn le haghaidh caramelú (thart ar 2 spúnóg in aghaidh an riar)

**TREORACHA:**
a) Déan do oigheann a théamh go 325°F (160°C).
b) I sáspan, teas an t-uachtar trom thar theas meánach go dtí go dtosóidh sé ag suanbhruith. Bain as teas.
c) Déan na gráinníní caife toirt a dhíscaoileadh san uachtar te agus lig dó géar ar feadh cúpla nóiméad.
d) I mbabhla ar leith, cuir na buíocáin uibhe, an siúcra gráinnithe agus an sliocht fanaile le chéile.
e) Go mall Doirt an t-uachtar caife-insileadh isteach sa mheascán uibheacha agus é ag guairneáil go leanúnach chun curdling a sheachaint.
f) Strain an meascán trí chriathar mogall mín isteach i gcupán nó i mbabhla mór tomhais.
g) Doirt an custard isteach i ramekins nó riar miasa.
h) Cuir na ramekins i mias bácála agus cuir uisce te leis an mhias chun folctha uisce a chruthú, ag cinntiú go dtagann an t-uisce leath bealaigh suas taobhanna na gcranncach.
i) Bácáil san oigheann réamhthéite ar feadh 30-35 nóiméad nó go dtí go bhfuil an custard socraithe ach fós beagán jiggly sa lár.
j) Bain as an oigheann agus lig do na custards fuarú go teocht an tseomra. Ansin cuisnigh ar feadh 2 uair an chloig ar a laghad.
k) Sula ndéanann tú é, spréigh an siúcra donn go cothrom thar na custard agus caramáil an siúcra ag baint úsáide as tóirse cistine.
l) Lig don siúcra caramelaithe fionnuar agus crua sula ndéantar é.

## 80.Maróg Macchiato

**COMHÁBHAIR:**
- 2 spúnóg caife toirt
- 2 spúnóg siúcra
- 2 spúnóg uisce te
- 1 pacáiste (3.4 unsa) meascán maróg toirt (blas de do rogha féin)
- 2 chupán bainne fuar

**TREORACHA:**
a) I mbabhla, whisk le chéile caife toirt, siúcra, agus uisce te go dtí go tiubh agus frothy.
b) I mbabhla ar leith, ullmhaigh an maróg toirt de réir na dtreoracha pacáiste, ag baint úsáide as bainne fuar.
c) Fill go réidh i leath den mheascán Macchiato buailte.
d) Doirt an maróg isteach i miasa riar nó spéaclaí.
e) Chill i refrigerator ar feadh cúpla uair an chloig go dtí go socraithe.
f) Freastal leis an meascán Macchiato atá fágtha ar an mbarr.

# 81. Macchiato Caramels

**COMHÁBHAIR:**
- 1 cupán siúcra gránaithe
- 1 cupán uachtar trom
- ¼ cupán síoróip arbhair éadrom
- ¼ cupán im neamhshaillte
- 1 tablespoon gráinníní caife toirt
- 1 teaspoon sliocht vanilla
- Calóga salainn mara, le haghaidh sprinkling (roghnach)

**TREORACHA:**
a) Líne pan bácála 8x8-orlach le páipéar pár agus ramhar go héadrom é.
b) I sáspan os cionn teas meánach, le chéile siúcra, uachtar trom, síoróip arbhar, im, agus gráinníní caife toirt.
c) Corraigh go dtí go dtuaslagann an siúcra, ansin cuir isteach teirmiméadar candy agus cócaráil gan corraigh go dtí go sroicheann sé 245°F (118°C).
d) Bain as teas, corraigh an sliocht fanaile isteach, agus Doirt an caramal isteach sa uile ullmhaithe.
e) Lig dó fuarú ar feadh cúpla uair an chloig nó go dtí go mbeidh sé socraithe.
f) Sprinkle le calóga salainn mara más mian leat agus gearrtha i gcaramáin.

## 82. Taifí Macchiato

**COMHÁBHAIR:**
- 1 cupán im gan salann
- 1 cupán siúcra gránaithe
- 1 tablespoon gráinníní caife toirt
- ½ teaspoon salann
- 1 cupán sliseanna seacláide semisweet
- ½ cupán almóinní tósta mionghearrtha

**TREORACHA:**
a) Líne bileog bácála le páipéar pár.
b) I sáspan thar teas meánach, leá an t-im, siúcra, gráinníní caife toirt, agus salann. Corraigh go leanúnach.
c) Lean ort ag cócaireacht agus corraigh go dtí go sroicheann an meascán 300°F (150°C) ar theirmiméadar candy.
d) Doirt an taifí ar an mbileog bácála ullmhaithe.
e) Sprinkle na sliseanna seacláide leathmhilis go cothrom thar an taifí te. Lig dóibh leá ar feadh nóiméid, ansin scaipeadh an seacláid leáite le spatula.
f) Sprinkle na almóinní tósta mionghearrtha thar an tseacláid.
g) Lig dó fuarú go hiomlán, ansin bris an taifí Macchiato ina phíosaí agus bain taitneamh as!

## 83.Pudding Rís Macchiato

**COMHÁBHAIR:**
- 1 cupán ríse Arborio
- 3 chupán bainne iomlán
- 1 cupán uachtar trom
- ½ cupán siúcra gránaithe
- 2 spúnóg gráinníní caife toirt
- 2 spúnóg uisce te
- 1 teaspoon sliocht vanilla
- Púdar cócó le haghaidh garnish (roghnach)

**TREORACHA:**
a) I mbabhla beag, déan na gráinníní caife toirt a dhíscaoileadh in uisce te agus cuir ar leataobh.
b) I sáspan mór, le chéile an rís Arborio, bainne iomlán, uachtar trom, agus siúcra gráinnithe.
c) Thar mheán teasa, tabhair an meascán chun suanbhruith réidh, ag corraigh go minic chun greamaithe a chosc.
d) Nuair a bhíonn an meascán ag suanbhruith, laghdaigh an teas go híseal agus lean ar aghaidh ag cócaireacht, ag corraigh uaireanta, go dtí go bhfuil an rís bog agus go bhfuil an meascán tiubhaithe (thart ar 20-25 nóiméad).
e) Corraigh an meascán caife tuaslagtha agus sliocht vanilla.
f) Bain as teas agus lig don maróg fionnuar beagán.
g) Freastal te nó fuaraithe, garnished le sprinkle de púdar cócó más mian.

## 84. Potaí Seacláid Creme Macchiato

**COMHÁBHAIR:**
- 2 cupáin uachtar trom
- 3 spúnóg gráinníní caife toirt
- 8 unsa seacláide semisweet, mionghearrtha
- 4 buíocáin uibhe mhóra
- ½ cupán siúcra gránaithe
- 1 teaspoon sliocht vanilla
- Uachtar bhuailtí agus gcuacha seacláide le haghaidh garnish (roghnach)

**TREORACHA:**
a) I sáspan, teas an t-uachtar trom thar theas meánach go dtí go dtosóidh sé ag suanbhruith. Bain as teas.
b) Déan na gráinníní caife toirt a dhíscaoileadh san uachtar te agus lig dó géar ar feadh cúpla nóiméad.
c) Cuir an seacláid leathmhilis mionghearrtha leis an uachtar caife-infused agus corraigh go dtí go bhfuil an seacláid leáite go hiomlán agus an meascán mín.
d) I mbabhla ar leith, cuir na buíocáin uibhe, an siúcra gráinnithe agus an sliocht fanaile le chéile.
e) Doirt an meascán seacláide isteach sa mheascán uibheacha go mall agus é ag guairneáil go leanúnach.
f) Strain an meascán trí chriathar mogall mín isteach i gcupán nó i mbabhla mór tomhais.
g) Doirt an custard isteach i gcrithíní aonair nó riar miasa.
h) Refrigerate ar feadh ar a laghad 2 uair an chloig nó go dtí go socraithe.
i) Garnish le huachtar buailte agus gcuacha seacláide roimh é a sheirbheáil, más mian leat.

## 85.Uachtar reoite Macchiato

**COMHÁBHAIR:**
- 3 buíocáin uibhe
- 6 unsa siúcra Muscovado
- ½ pionta bainne leathbhearrtha
- 1 tablespoon caife Meandaracha, tuaslagtha i
- 2 spúnóg uisce fiuchphointe agus fuaraithe
- 4 unsa sreabhán licéar Amaretto
- 4 unsa brioscaí Amaretti, mionghearrtha
- 4 unsa pónairí caife brataithe le seacláid
- 1 teaspoon púdar cócó, móide breise le haghaidh dhustáil
- 1 teaspoon Úsc Vanilla
- ¾ pionta Uachtar dúbailte
- gcuacha seacláide, le haghaidh maisiúcháin

**TREORACHA:**
a) I mbabhla teasdhíonach, cuir na buíocáin uibhe, an siúcra agus an bainne le chéile. Cuir an babhla thar phanna uisce a shuanbhálann go réidh.
b) Whisk an meascán ar feadh thart ar 5 nóiméad, go dtí go n-éireoidh sé pale agus tiubh. Bí cúramach gan ligean don custard boil. Lig don custard fuarú.
c) Corraigh isteach an caife meandrach tuaslagtha, licéar amaretto, brioscaí amaretti mionghearrtha, pónairí caife brataithe le seacláid, púdar cócó, agus úsc fanaile isteach sa custard fuaraithe.
d) Whip an uachtar dúbailte go dtí go foirmeacha sé beanna bog.
e) Fill go réidh an t-uachtar buailte isteach sa mheascán custard.
f) Aistrigh an meascán chuig coimeádán plaisteach docht agus cuir sa reoiteoir é ar feadh 1 uair an chloig.
g) Tar éis 1 uair an chloig, bain an coimeádán as an reoiteoir agus buille an meascán go maith chun aon criostail oighir a bhriseadh suas.
h) Fill an coimeádán chuig an reoiteoir ar feadh 1 uair eile, ansin buille an meascán arís.
i) Reo an meascán go dtí go sroicheann sé an comhsheasmhacht atá ag teastáil.
j) Bain an t-uachtar reoite Macchiato as an reoiteoir thart ar 15 nóiméad roimh é a sheirbheáil chun ligean dó maolú beagán.
k) Scoop an uachtar reoite isteach i mbabhlaí riar, deannach le púdar cócó, agus garnish le gcuacha seacláide.
l) Bain sult as do uachtar reoite Macchiato baile!

## 86.Macchiato Crisp úll

**COMHÁBHAIR:**
- 6 chupán úlla slisnithe agus scafa (m.sh. Granny Smith)
- 2 spúnóg gráinníní caife toirt
- ½ cupán siúcra gránaithe
- 1 teaspoon cainéal talún
- ½ teaspoon nutmeg talún
- 1 cupán coirce sean-aimseartha
- ½ cupán plúr ilfheidhme
- ½ cupán siúcra donn pacáilte
- ½ cupán im gan salann, fuar agus ciúbach

**TREORACHA:**

a) Déan d'oigheann a réamhthéamh go 350°F (175°C) agus ramhar mias bácála 9x13-orlach.

b) Tuaslaig na gráinníní caife toirt i 2 spúnóg bhoird d'uisce te agus cuir ar leataobh.

c) I mbabhla mór, cuir na húlla slisnithe agus an meascán caife tuaslagtha le chéile. Caith go cóta.

d) I mbabhla ar leith, measc an siúcra gránaithe, cainéal meilte, agus nutmeg meilte. Sprinkle an meascán seo thar na húlla agus caith go cóta.

e) Aistrigh an meascán úll chuig an mhias bácála ullmhaithe.

f) I mbabhla, le chéile na coirce sean-aimseartha, plúr uile-críche, siúcra donn, agus im ciúbach fuar. Measc go dtí go crumbly.

g) Sprinkle an meascán coirce go cothrom thar na húlla.

h) Bácáil ar feadh 40-45 nóiméad nó go dtí go bhfuil an bearrtha donn órga, agus tá na húlla tairisceana.

i) Lig dó fuarú beagán roimh é a sheirbheáil. Bain sult as do briosc úll Macchiato!

## 87. Gréasaí Peach Macchiato

**COMHÁBHAIR:**
- 4 chupán péitseoga scafa slisnithe (úr nó stánaithe)
- 2 spúnóg gráinníní caife toirt
- 1 cupán plúr uilechuspóireach
- 1 cupán siúcra gránaithe
- 1 spúnóg bhoird púdar bácála
- ½ teaspoon salann
- 1 cupán bainne iomlán
- ½ cupán im gan salann, leáite
- 1 teaspoon sliocht vanilla

**TREORACHA:**
a) Déan d'oigheann a réamhthéamh go 350°F (175°C) agus ramhar mias bácála 9x9-orlach.
b) Tuaslaig na gráinníní caife toirt i 2 spúnóg bhoird d'uisce te agus cuir ar leataobh.
c) I mbabhla mheascadh, cuir an plúr, an siúcra gránaithe, an púdar bácála agus an salann le chéile.
d) Corraigh isteach an caife tuaslagtha, bainne, im leáite, agus sliocht fanaile go dtí go comhcheangailte go maith.
e) Doirt an fuidrimh isteach sa mhias bácála greased.
f) Dáil na péitseoga slisnithe go cothrom thar an bataire.
g) Bácáil ar feadh 45-50 nóiméad nó go dtí go bhfuil an gréasaí donn órga agus go dtiocfaidh pioc fiacla a cuireadh isteach sa lár amach glan.
h) Lig dó fuarú beagán roimh ag freastal. Freastal le scoop d'uachtar reoite fanaile más mian leat.

## 88. Macchiato Crisp Blueberry

**COMHÁBHAIR:**
- 4 cupáin blueberries úr nó reoite
- 2 spúnóg gráinníní caife toirt
- ½ cupán siúcra gránaithe
- 1 cupán coirce sean-aimseartha
- ½ cupán plúr ilfheidhme
- ½ cupán siúcra donn pacáilte
- ½ cupán im gan salann, fuar agus ciúbach
- ½ teaspoon cainéal talún
- A pinch salainn

**TREORACHA:**
a) Déan d'oigheann a réamhthéamh go 350°F (175°C) agus ramhar mias bácála 9x9-orlach.
b) Tuaslaig na gráinníní caife toirt i 2 spúnóg bhoird d'uisce te agus cuir ar leataobh.
c) I mbabhla mór, cuir na gormáin agus an meascán caife tuaslagtha le chéile. Caith go cóta.
d) I mbabhla ar leith, measc an siúcra gránaithe, cainéal meilte, agus pinch salainn. Sprinkle an meascán seo thar na sméara gorma agus caith go cóta.
e) Aistrigh an meascán fraochán chuig an mhias bácála ullmhaithe.
f) I mbabhla, le chéile na coirce sean-aimseartha, plúr uile-críche, siúcra donn, agus im ciúbach fuar. Measc go dtí go crumbly.
g) Sprinkle an meascán coirce go cothrom thar na sméara gorma.
h) Bácáil ar feadh 35-40 nóiméad nó go dtí go bhfuil an bearrtha donn órga, agus tá na gormáin ag bubbling.
i) Lig dó fuarú beagán roimh é a sheirbheáil. Bain sult as do briosc fraochán Macchiato!

## 89. Gréasaí Cherry Macchiato

**COMHÁBHAIR:**
- 4 chupán silíní pitted (úr nó reoite)
- 2 spúnóg gráinníní caife toirt
- 1 cupán plúr uilechuspóireach
- 1 cupán siúcra gránaithe
- 1 spúnóg bhoird púdar bácála
- ½ teaspoon salann
- 1 cupán bainne iomlán
- ½ cupán im gan salann, leáite
- 1 teaspoon sliocht vanilla

**TREORACHA:**
a) Déan d'oigheann a réamhthéamh go 350°F (175°C) agus ramhar mias bácála 9x9-orlach.
b) Tuaslaig na gráinníní caife toirt i 2 spúnóg bhoird d'uisce te agus cuir ar leataobh.
c) I mbabhla mheascadh, cuir an plúr, an siúcra gránaithe, an púdar bácála agus an salann le chéile.
d) Corraigh isteach an caife tuaslagtha, bainne, im leáite, agus sliocht fanaile go dtí go comhcheangailte go maith.
e) Doirt an fuidrimh isteach sa mhias bácála greased.
f) Dáil na silíní pitted go cothrom thar an fuidrimh.
g) Bácáil ar feadh 45-50 nóiméad nó go dtí go bhfuil an gréasaí donn órga agus go dtiocfaidh pioc fiacla a cuireadh isteach sa lár amach glan.
h) Lig dó fuarú beagán roimh ag freastal. Freastal le huachtar buailte nó uachtar reoite fanaile más mian leat.

## 90. Granita Macchiato

**COMHÁBHAIR:**
- 1 ¼ cupán espresso brewed fuar
- ¼ cupán bainne iomlán (nó bainne bearrtha más fearr)
- ¼ cupán siúcra
- 3 spúnóg bhoird Campari
- ⅛ teaspoon salann

**TREORACHA:**
**DON SYRUP SIMPLÍ:**
a) I sáspan beag, cuir na codanna comhionanna siúcra agus uisce le chéile chun síoróip shimplí a dhéanamh. Tabhair chun boil é, ansin lig dó fuarú roimh úsáid.

**DO GRANITA Macchiato:**
b) I bpanna miotail cearnach 9-orlach, le chéile 1-¼ cupán espresso brewed fuar, ¼ cupán bainne, agus ¼ cupán síoróip simplí. Corraigh a chur le chéile.

c) Cuir an pan neamhchlúdaithe sa reoiteoir agus reo go dtí go mbeidh sé soladach.

d) Tar éis thart ar 30 nóiméad sa reoiteoir, ba chóir go dtosódh criostail oighir a fhoirmiú timpeall na taobhanna agus bun an uile.

e) Bain úsáid as forc chun an meascán a racadh go réidh go dtí go mbeidh na heilimintí reoite agus neamhreoite comhcheangailte go cothrom. Bris suas aon cnapáin mhóra a fhoirmíonn, ach bí cúramach gan iad a iompú ina slush.

Ag Freastal ar an Macchiato Granita:
f) Freastal ar an granita i gloine Martini.

g) De rogha air sin, cuir seacláid shaved agus fianáin ar an mbarr le haghaidh blas agus uigeacht bhreise.

Chun Deoch Súilíneach a Chruthú:
h) Líon gloine ard leis an Macchiato granita.

i) Barr é le seltzer nó uisce súilíneach le haghaidh casadh úrnua agus súilíneach.

j) Bain sult as do Macchiato Granita!

## 91. Macchiato Tiramisu

**COMHÁBHAIR:**
- 2 spúnóg caife toirt
- 2 spúnóg siúcra
- 2 spúnóg uisce te
- Bean Mhuire
- 1 cupán mascarpone cáis
- ¼ cupán siúcra púdraithe
- Púdar cócó, le haghaidh dhustáil

**TREORACHA:**
a) I mbabhla, whisk le chéile caife toirt, siúcra, agus uisce te go dtí go tiubh agus frothy.
b) Tum na bóirín i gcaife brewed agus cuir i mias riartha iad.
c) I mbabhla ar leith, meascán cáis mascarpone agus siúcra púdraithe go dtí go réidh.
d) Fill leath den mheascán Macchiato buailte isteach sa mheascán mascarpone.
e) Scaip an meascán mascarpone ar na bóirín.
f) Déan na sraitheanna arís agus críochnaigh le púdar cócó a dhustáil.
g) Refrigerate ar feadh cúpla uair an chloig roimh ag freastal.

## 92.Uachtar reoite Macchiato

**COMHÁBHAIR:**
- 2 spúnóg caife toirt
- 2 spúnóg siúcra
- 2 spúnóg uisce te
- 1 cupán uachtar trom
- ½ cupán bainne comhdhlúite

**TREORACHA:**
a) I mbabhla, whisk le chéile caife toirt, siúcra, agus uisce te go dtí go tiubh agus frothy.
b) I mbabhla ar leith, fuip an t-uachtar trom go dtí go gcruthóidh beanna righin.
c) Fill go réidh i leath den mheascán Macchiato buailte.
d) Fill isteach an bainne comhdhlúite go dtí go comhcheangailte go maith.
e) Aistrigh an meascán chuig coimeádán clúdaithe agus reo ar feadh 6 huaire an chloig ar a laghad nó go dtí go mbeidh sé daingean.
f) Freastal le dollop den mheascán Macchiato atá fágtha ar an mbarr.

## 93. Macchiato Bobamisu

**COMHÁBHAIR:**
- 2 spúnóg caife toirt
- 2 spúnóg siúcra gráinnithe
- 2 spúnóg uisce te
- 1 cupán uachtar trom
- ½ cupán siúcra púdraithe
- 1 teaspoon sliocht vanilla
- 1 cupán bainne
- ¼ cupán licéar caife (roghnach)
- Bean Mhuire nó cáca spúinse
- ¼ cupán péarlaí boba, bruite agus fuaraithe
- Púdar cócó, le haghaidh dhustáil

**TREORACHA:**

a) I mbabhla mheascadh, le chéile an caife toirt, siúcra gránaithe, agus uisce te.

b) Ag baint úsáide as measctóir leictreach nó whisk, buail an meascán ar ardluais go dtí go n-éireoidh sé tiubh agus eirgeach. De ghnáth bíonn sé seo thart ar 2-3 nóiméad. Curtha i leataobh.

c) I mbabhla meascáin eile, buail an t-uachtar trom, an siúcra púdraithe, agus an sliocht fanaile go dtí go gcruthóidh beanna bog.

d) Fill go réidh leath den mheascán caife buailte isteach san uachtar buailte go dtí go mbeidh sé comhcheangailte go maith. Cuir an leath eile in áirithe le haghaidh bearrtha.

e) I mias éadomhain, cuir an bainne agus an licéar caife le chéile (má tá sé á úsáid). Tum na bóirín nó an cáca spúinse isteach sa mheascán bainne go hachomair, ag cinntiú go bhfuil siad brataithe go cothrom ach nach bhfuil siad bogtha.

f) Socraigh sraith de bhéaróg sáithithe nó de chíste spúinse ag bun mias riartha nó spéaclaí aonair.

g) Cuir sraith den mheascán uachtar bhuailtí ar a bhfuil blas an chaife ar na bóirín nó ar an gcíste spúinse.

h) Cuir sraith de phéarlaí boba bruite thar an meascán uachtar buailte.

i) Déan na sraitheanna arís le bóirín sáithithe nó císte spúinse, uachtar bhuailtí le blas caife, agus péarlaí boba go dtí go n-úsáidtear na comhábhair go léir, ag críochnú le sraith d'uachtar buailte.

j) Dust an barr le púdar cócó.

k) Cuisnigh an Macchiato Bobamisu ar a laghad 4 uair an chloig nó thar oíche chun ligean do na blasanna leá agus an mhilseog a shocrú.

l) Sula ndéanann tú freastal, cuir an meascán caife buailte ar an mbarr.

m) Roghnach, garnish le péarlaí boba breise nó sprinkle púdar cócó.

n) Freastal fuaraithe agus taitneamh a bhaint as do Macchiato Bobamisu delicious!

# 94. Popsicles Caife Macchiato

**COMHÁBHAIR:**
- 2 spúnóg caife toirt
- 2 spúnóg siúcra gráinnithe
- 2 spúnóg uisce te
- 1 cupán bainne (aon chineál)
- ½ cupán uachtar trom
- ¼ cupán bainne comhdhlúite milsithe
- Múnlaí Popsicle
- Bataí popsicle

**TREORACHA:**

a) I mbabhla mheascadh, le chéile an caife toirt, siúcra gránaithe, agus uisce te.

b) Ag baint úsáide as meascthóir leictreach nó whisk, buail an meascán ar ardluais go dtí go n-éireoidh sé tiubh agus eirgeach. De ghnáth bíonn sé seo thart ar 2-3 nóiméad.

c) I mbabhla ar leith, cuir an bainne, an t-uachtar trom, agus an bainne comhdhlúite milsithe le chéile go dtí go mbeidh siad comhcheangailte go maith.

d) Cuir an meascán caife Macchiato isteach sa mheascán bainne agus fill go réidh é go dtí go mbeidh sé ionchorpraithe go cothrom. Beidh cuma marmair ar an meascán.

e) Doirt an meascán isteach i múnlaí popsicle, ag fágáil spás beag ag an mbarr le haghaidh leathnú.

f) Cuir bataí popsicle isteach sna múnlaí.

g) Cuir na múnlaí popsicle sa reoiteoir agus lig dóibh reoite ar feadh 6 uair an chloig ar a laghad nó go dtí go mbeidh siad soladach.

h) Nuair a bheidh na popsicles reoite, bain as na múnlaí iad trí na múnlaí a rith go hachomair faoi uisce te chun na popsicles a scaoileadh.

i) Freastal agus taitneamh a bhaint as Popsicles Caife Macchiato!

## 95.Císte Cáise Seapánach Macchiato

**COMHÁBHAIR:**
**DON CHATHAIR CÁISC:**
- 4 unsa cáis uachtair, softened
- ¼ cupán siúcra gránaithe
- ¼ cupán bainne
- 2 spúnóg bhoird plúr uile-críche
- 2 spúnóg bhoird cornstarch
- 2 spúnóg im unsalted, leáite
- 4 buíocáin uibhe
- 1 teaspoon sliocht vanilla

**DO Chúr Caife Macchiato:**
- 2 spúnóg caife toirt
- 2 spúnóg siúcra gráinnithe
- 2 spúnóg uisce te

**DON MERINGUE:**
- 4 gealacán uibhe
- ¼ cupán siúcra gránaithe

**TREORACHA:**

a) Déan do oigheann a théamh go 325°F (165°C). Grease agus líneáil bun uile cáca cruinn le páipéar pár.

b) I mbabhla meascadh, buail an cáis uachtair agus an siúcra gráinnithe go dtí go mbeidh siad réidh agus go bhfuil siad uachtar.

c) Cuir an bainne, plúr uilechuspóra, cornstarch, im leáite, buíocáin uibhe, agus sliocht fanaile leis an meascán cáis uachtair. Buille go dtí go mbeidh sé comhcheangailte go maith agus go réidh.

d) I mbabhla ar leith, ullmhaigh an cúr caife Macchiato. Comhcheangail an caife toirt, siúcra gránaithe, agus uisce te. Ag baint úsáide as meascthóir leictreach nó whisk, buail an meascán ar ardluais go dtí go n-éireoidh sé tiubh agus eirgeach.

e) Fill go réidh an cúr caife Macchiato isteach sa fuidrimh cáise go dtí go mbeidh sé ionchorpraithe go cothrom.

f) I mbabhla meascadh glan eile, buail na whites ubh go dtí go mbeidh siad cúr. Cuir an siúcra gráinneach leis de réir a chéile agus lean ort ag buille go dtí go gcruthóidh beanna righin.

g) Tóg thart ar ⅓ den meringue agus fillte isteach sa fuidrimh cáise chun an meascán a éadromú.

h) Fill an meringue atá fágtha isteach sa fhuidreamh de réir a chéile, bí cúramach gan an t-aer a dhíbhoilsciú.

i) Doirt an fuidrimh isteach sa uile císte ullmhaithe agus réidh an barr le spatula.

j) Cuir an uileán císte i mias bácála níos mó nó i bpanna róstadh. Líon an pan níos mó le huisce te, ag cruthú folctha uisce.

k) Bácáil an cheesecake sa dabhach uisce ar feadh thart ar 60-70 nóiméad nó go dtí go bhfuil an barr donn órga agus go bhfuil an t-ionad socraithe.

l) Bain an cheesecake as an oigheann agus lig dó fuarú sa uile ar feadh thart ar 10 nóiméad. Ansin, é a aistriú chuig raca sreang chun fuarú go hiomlán.

m) Nuair a bheidh an cáca cáise fuaraithe, cuisnigh é ar feadh 4 uair an chloig ar a laghad nó thar oíche lena shocrú.

n) Roghnach: Maisigh barr an cháca cáise le púdar cócó nó siúcra púdraithe a dhustáil nó le dollop cúr caife Macchiato.

o) Slice agus riar ar an Macchiato Caife Cáise Seapánach fuaraithe. Bain taitneamh as!

## 96.Sorbet Macchiato

**COMHÁBHAIR:**
- 2 spúnóg bhoird de caife toirt
- 2 spúnóg siúcra
- ¼ cupán uisce te
- 2 chupán ciúbanna oighir
- 1 spúnóg bhoird de shú líomóide (roghnach, le haghaidh tanginess breise)
- Duilleoga mint úr (le haghaidh garnish)

**TREORACHA:**
a) I mbabhla mheascadh, le chéile an toirt caife, siúcra, agus uisce te.
b) Ag baint úsáide as measctóir láimhe leictreach nó whisk, fuip an meascán caife go dtí go mbeidh sé tiubh, frothy, agus donn éadrom. Seans go dtógfaidh sé seo cúpla nóiméad de ghuairneáil.
c) Cuir na ciúbanna oighir i cumascóir nó i bpróiseálaí bia agus brúitear iad go dtí go n-éiríonn siad beag agus slushy.
d) Cuir an meascán caife buailte leis an cumascóir leis an oighear brúite.
e) Roghnach: Cuir an sú líomóide le haghaidh blas tangy breise. Moltar an chéim seo go háirithe má bhaineann tú taitneamh as leid citris i do sorbet.
f) Déan an meascán a chumasc go dtí go sroicheann sé comhsheasmhacht mín agus slushy.
g) Doirt an sorbet Macchiato isteach i gcoimeádán éadomhain nó i miasa aonair.
h) Cuir an coimeádán/na coimeádáin sa reoiteoir ar feadh thart ar 1-2 uair, nó go dtí go mbíonn an sorbet daingean.
i) Nuair a bheidh an sorbet socraithe, bain as an reoiteoir é agus lig dó suí ag teocht an tseomra ar feadh cúpla nóiméad chun é a mhaolú beagán sula ndéantar é.
j) Garnish gach riar le duilleoga mint úr le haghaidh pop de dhath agus blas.

## 97.Toirtín Macchiato

**COMHÁBHAIR:**
**DON SCRÚD:**
- 2 chupán graham cracker blúiríní
- ½ cupán im leáite
- ¼ cupán siúcra gránaithe

**DON LÍONADH:**
- 1 cupán uachtar trom
- ¼ cupán siúcra púdraithe
- 1 teaspoon sliocht vanilla
- ¼ cupán meascán caife Macchiato

**DON BHARR:**
- Uachtar COIPTHE
- Púdar cócó nó bearrtha seacláide (roghnach)

**TREORACHA:**
a) Déan do oigheann a théamh go 350°F (175°C).
b) I mbabhla, le chéile na blúiríní cracker Graham, im leáite, agus siúcra gráinnithe le haghaidh an screamh. Measc go dtí go bhfuil na blúiríní brataithe go maith.
c) Brúigh an meascán isteach ag bun agus taobhanna toirtín uile, ag cinntiú ciseal cothrom a chruthú.
d) Bácáil an screamh san oigheann réamhthéite ar feadh thart ar 10 nóiméad, nó go dtí go donn órga. Bain as an oigheann agus lig dó fuarú go hiomlán.
e) I mbabhla meascadh, cuir an t-uachtar trom, an siúcra púdraithe, agus an sliocht fanaile le chéile le haghaidh an líonadh. Whip an meascán go dtí go gcruthóidh sé beanna righin.
f) Fill an meascán caife Macchiato go réidh go dtí go mbeidh sé ionchorpraithe go maith.
g) Doirt an líonadh isteach sa screamh fuaraithe agus scaipeadh go cothrom é.
h) Cuir an toirtín sa chuisneoir agus lig dó fuarú ar feadh 2 uair ar a laghad, nó go dtí go mbeidh an líonadh socraithe.
i) Nuair a bheidh sé fuaraithe, bain an toirtín as an gcuisneoir. Maisigh an barr le huachtar bhuailtí agus sprinkle púdar cócó nó sceallóga seacláide, más mian leat.
j) Slice agus riar an Macchiato toirtín mar mhilseog aoibhinn.

## 98. Affogato Macchiato

**COMHÁBHAIR:**
- 2 spúnóg caife toirt
- 2 spúnóg siúcra gráinnithe
- 2 spúnóg uisce te
- Uachtar reoite fanaile
- 1 cupán espresso brewed te nó caife láidir
- Púdar cócó nó bearrtha seacláide le haghaidh garnish (roghnach)

**TREORACHA:**
a) I mbabhla mheascadh, le chéile an caife toirt, siúcra gránaithe, agus uisce te.
b) Ag baint úsáide as meascthóir leictreach nó whisk, buail an meascán go dtí go mbeidh sé tiubh agus uachtar, le beanna righin. Is é seo do mheascán caife Macchiato.
c) Scoop méid flaithiúil d'uachtar reoite fanaile isteach i spéaclaí nó i mbabhlaí.
d) Doirt espresso brewed te nó caife láidir thar an uachtar reoite, ag líonadh na spéaclaí thart ar ⅔ iomlán.
e) Spúnóg dollop den mheascán caife Macchiato ar bharr gach gloine, ag ligean dó snámh.
f) Roghnach: Déan an Macchiato Afogato a dhustáil le púdar cócó nó spréigh bearrtha seacláide ar a bharr le haghaidh blas breise agus cur i láthair.
g) Freastal láithreach agus taitneamh a bhaint as an meascán de uachtar reoite vanilla creamy, caife láidir, agus bearrtha caife Macchiato clúmhach.

## 99.Macarons le Líonadh Macchiato

**COMHÁBHAIR:**
**DO na sliogáin MACARON:**
- 1 cupán plúr almond
- 1 ¾ cupán siúcra púdraithe
- 3 whites ubh mhóra, ag teocht an tseomra
- ¼ cupán siúcra gránaithe
- Dathú bia (roghnach)

**DO LÍONADH Caife Macchiato:**
- 2 spúnóg caife toirt
- 2 spúnóg siúcra gráinnithe
- 2 spúnóg uisce te
- 1 cupán uachtar trom

**TREORACHA:**
a) I mbabhla, scag an plúr almond agus an siúcra púdraithe le chéile chun cnapáin ar bith a bhaint. Curtha i leataobh.

b) I mbabhla meascáin ar leith, whisk na whites ubh ar luas íseal go dtí go n-éiríonn siad frothy. Méadú de réir a chéile ar an luas go meán-ard agus leanúint ar aghaidh ag guairneáil go dtí go gcruthóidh beanna boga.

c) De réir a chéile cuir an siúcra gránaithe leis na bánna uibhe agus iad ag guairneáil. Lean ort ag whisking go dtí go gcruthóidh beanna righin agus go n-éiríonn an meascán snasta. Más mian leat, cuir cúpla braon de dhathú bia leis agus lean ar aghaidh ag guairneáil go dtí go mbeidh sé daite go cothrom.

d) Fill go réidh an plúr almond agus an meascán siúcra púdraithe isteach sa mheascán gealacán uibhe, ag baint úsáide as spatula. Lean ar aghaidh ag fillte go dtí go bhfuil an fuidrimh réidh agus cruthaíonn sé comhsheasmhacht cosúil le ribín.

e) Aistrigh an fuidrimh macaróin go mála píobaireachta atá feistithe le barr cruinn. Píob ciorcail bheaga ar bhileog bácála atá líneáilte le páipéar pár. Fág roinnt spáis idir gach sliogán macaróin mar go leathfaidh siad beagán.

f) Tapáil an leathán bácála ar an gcuntar cúpla uair chun aon bhoilgeoga aeir a scaoileadh. Lig do na sliogáin macaróin scíth a ligean ag teocht an tseomra ar feadh thart ar 30 nóiméad go uair an chloig, go dtí go bhforbróidh siad craiceann ar an dromchla. Cabhróidh sé seo leo na "cosa" macaróin tréithiúla a fhoirmiú.

g) Agus na macaróin ar fos, réamhthéigh d'oigheann go 300°F (150°C).

h) Nuair a bheidh craiceann forbartha ag na sliogáin macaróin, déan iad a bhácáil san oigheann réamhthéite ar feadh thart ar 15-18 nóiméad, nó go dtí go mbeidh siad socraithe agus daingean faoi do lámh. Bain as an oigheann agus lig dóibh fuarú go hiomlán ar an mbileog bácála.

i) Idir an dá linn, ullmhaigh an líonadh caife Macchiato. I mbabhla meascáin, cuir an caife meandrach, an siúcra gráinnithe, agus an t-uisce te le chéile go dtí go mbeidh siad tiubh agus uachtar. Curtha i leataobh.

j) I mbabhla ar leith, fuip an uachtar trom go dtí go sroicheann sé comhsheasmhacht tiubh agus cruthaíonn sé beanna righin.

k) Fill an meascán caife Macchiato go réidh isteach san uachtar buailte go dtí go mbeidh sé comhcheangailte go maith.

l) Aistrigh an líonadh caife Macchiato isteach i mála píobaireachta atá feistithe le tip cruinn.

m) Péireáil suas na sliogáin macaróin fuaraithe de réir méid agus cruth. Píob braon den chaife Macchiato a líonadh ar an taobh cothrom de shliogán macaróin amháin agus ceapaire le blaosc eile é.

n) Déan an próiseas seo arís leis na sliogáin macaróin atá fágtha.

o) Cuir na macaróin líonta i gcoimeádán aerdhíonach agus cuisnigh iad ar feadh 24 uair ar a laghad chun ligean do na blasanna leá agus do na macaróin aibíocht.

p) Sula ndéantar é a sheirbheáil, lig do na macaróin suí ag teocht an tseomra ar feadh cúpla nóiméad chun beagán a mhaolú.

# 100. Macchiato Panna Cotta

**COMHÁBHAIR:**
- 2 cupáin uachtar trom
- ½ cupán siúcra gránaithe
- 2 taespúnóg sliocht fanaile
- 2 spúnóg bhoird de mheascán caife Macchiato
- 2 spúnóg uisce
- 2 taespúnóg púdar geilitín

**TREORACHA:**

a) I sáspan, cuir an t-uachtar trom agus an siúcra gráinnithe le chéile. Teas thar teas meánach, corraigh uaireanta, go dtí go bhfuil an siúcra tuaslagtha agus an meascán te ach gan fiuchphointe. Bain as teas.

b) Corraigh an sliocht fanaile agus an meascán caife Macchiato isteach go dtí go mbeidh siad comhcheangailte go maith.

c) I mbabhla beag ar leith, sprinkle an púdar geilitín thar an uisce agus lig dó suí ar feadh 5 nóiméad faoi bhláth.

d) Tar éis 5 nóiméad, micreathonn an meascán geilitín ar feadh 10-15 soicind go dtí go bhfuil an geilitín tuaslagtha go hiomlán. Bí cúramach gan róthéamh.

e) Doirt an meascán geilitín isteach sa mheascán uachtar agus corraigh go maith chun a chinntiú go bhfuil an geilitín ionchorpraithe go hiomlán.

f) Roinn an meascán go cothrom i measc ramekins nó ag freastal ar spéaclaí.

g) Cuir na ramekins nó spéaclaí sa chuisneoir agus lig dóibh a shocrú ar feadh ar a laghad 4 uair an chloig, nó go dtí go bhfuil an cotta panna daingean.

h) Nuair a bheidh an panna cotta socraithe, is féidir leat iad a sheirbheáil mar atá nó garnish de do rogha féin a chur leis, mar uachtar bhuailtí, bearrtha seacláide, nó braon de anlann caramal.

i) Bain sult as an uachtar agus caife-insileadh Macchiato Panna Cotta mar mhilseog aoibhinn!

# CONCLÚID

Agus ár dturas blasta á thabhairt chun críche againn trí "An leabhar cócaireachta foirfe i stíl machiatto", tá súil agam go bhfuil do dheasghnáth caife athraithe ina shiansach de bhlasanna dána agus aoibhne. Ní bailiúchán oidis amháin atá sa leabhar cócaireachta seo; is ceiliúradh é ar an ealaín agus ceardaíocht a théann isteach i gcruthú an machiatto foirfe, ceann a oireann do do bhlas agus do roghanna uathúla.

Go raibh maith agat as a bheith páirteach liom san iniúchadh seo ar chruthaitheacht machiatto. Go leanfaidh na hoidis seo le do chuimhneacháin caife a spreagadh, ag casadh gach sip isteach i nóiméad áthais agus indulgence. Agus tú ag blaiseadh de na braonta deireanacha ó do chupán, go mairfidh saol saibhir agus dána blasanna machiato, rud a fhágann go bhfuil fonn ort tabhairt faoi eachtra chaife eile.

Seo chugat an t-eispéireas deiridh machiato, agus b'fhéidir go mbeidh do thuras caife líonta le cruthaitheacht, blas, agus an-áthas íon a thagann as cupán breá crafted. Brewing sásta!

www.ingramcontent.com/pod-product-compliance
Lightning Source LLC
Chambersburg PA
CBHW071315110526
44591CB00010B/894